古典文獻研究輯刊

三　編

潘美月・杜潔祥　主編

第 19 冊

焦竑《莊子翼》研究

施　錫　美　著

國家圖書館出版品預行編目資料

焦竑《莊子翼》研究／施錫美著 ― 初版 ― 台北縣永和市：花
木蘭文化出版社，2006〔民 95〕

序 2+ 目 4+152 面；19×26 公分
（古典文獻研究輯刊 三編：第 19 冊）
ISBN：978-986-7128-49-2（精裝）
ISBN：986-7128-49-4（精裝）
1.（明）焦竑－學術思想 2.莊子－註釋－研究與考訂
121.331   95015448

ISBN 986712849-4

古典文獻研究輯刊   ISBN：978-986-7128-49-2
三　編　第十九冊   ISBN：986-7128-49-4

焦竑《莊子翼》研究

作　　者　施錫美
主　　編　潘美月　杜潔祥
企劃出版　北京大學文化資源研究中心
出　　版　花木蘭文化出版社
發 行 所　花木蘭文化出版社
發 行 人　高小娟
聯絡地址　台北縣永和市中正路五九五號七樓之三
　　　　　電話：02-2923-1455／傳真：02-2923-1452
電子信箱　sut81518@ms59.hinet.net
初　　版　2006 年 9 月
定　　價　三編 30 冊（精裝）新台幣 46,500 元

焦竑《莊子翼》研究

施錫美　著

作者簡介

施錫美，一九六〇年生於鹿港鎮山寮村。明道補校初高中、靜宜夜中文、中興大學夜中文學士、逢甲大學中國文學研究所碩士、清華大學中文所進修史記專題研究、道家專題研究、中國美學專題比較研究、魏晉文學專題研究。曾任小學兼任教師、明道高中兼任教師、明新技術學院（現明新科技大學）兼任講師。現任教於後龍私立仁德醫護專科學校共同科專任講師。主要研究領域為道家哲學、史記、中國美學、中國文學等。編著有：《焦竑莊子翼研究》、《大學國文選》（合編），文京，九三年九月出版、《專科國文選》（合編），文京。

提　　要

　　《莊》注之歷史，自東漢以至明‧萬曆年間，凡一千六百餘年，其間注家不下百餘家。諸家解《莊》，隨時空之遞遷，文化之融合，而賦予《莊子》之時代性。其中或敷衍清談、或蘊義儒理、或挾以禪門之說、或以道濟道，甚或融通儒、釋、道三家之思想，然多為一家之言，鮮以集註。而集註之有，實權輿宋‧褚伯秀《南海真經義海纂微》，是書集郭象以下十三家之解，斷以己見，名曰：「管見」。其編纂之原則，「但采獲所安，不以人廢」。至明‧孫應鼇據《義海纂微》刪削增補，又益以張居正《評莊》、張四維《補註》、朱得之《通義》及蘇子瞻《廣成解》四家而成《莊義要刪》。其後明‧焦竑踵褚氏之步、續孫氏之弦，有所增刪又益以《新傳》、《循本》、劉辰翁、唐荊川（附徐士彭）、《南華副墨》等六家；並旁引他說互相發明者，自支遁以下凡十五家，且附其舊所割記間及《莊子》者，名曰《筆乘》；又章句音義，自郭象以下凡十一家，綜采其合於《莊子》者，編纂而成《莊子翼》。

　　是書要旨立於心性，融通儒、道、佛三教之思想，博采魏、晉、宋、明諸代注《莊》之資料，足資治《莊》者參考，對後代《莊學》深具影響力。本論文旨以焦竑《莊子翼》為軸，歷代《莊》注為輔，兼及時代思想之因素，加以縱橫歸納分析，藉以探討焦竑之生平學術、《莊子翼》援引資料、詮釋方法與思想之傾向，併釐析《四庫提要》譏評該書「沒前人所出」之然否？

　　論文凡分七章：約拾壹萬餘字。首章就研究動機與旨趣、及研究方法與範圍簡述之。次章追敘焦竑之生平、著作及學術淵源，以期對焦竑之思想型態作一概略之呈現。三章探討焦竑對《莊子》篇章立名之看法及《莊子翼》〈筆乘〉立義之特點。四章考探焦竑《莊子翼》之體例及採集各家《莊》注之類別，以明其所據之原本及編纂義例之得失。五章就《莊子翼》及〈筆乘〉所援引論述之內容分析，以明《莊子翼》融通儒、釋、道三家義理之意涵。六章則就《莊子翼》對後代之影響、流布之情況，以及《提要》對其之評價，探討《莊子翼》於歷代《莊》注之地位與價值，並評述《提要》對《莊子翼》之意見然否。七章結論，綜述《莊子》內七篇思想與歷代《莊》注之風貌、焦竑《莊子翼》之體例得失與影響，及其融通三教之觀點作結。故本論文之撰述，不僅呈現焦竑為人治學之精神、三教合一之時代觀，更還原《莊子翼》之本來面目，期盼對參考者有所裨益矣。

目

錄

自　序

　　余自幼因家境貧困，衣食不若淵明尚能三旬九遇，十年一著，故至年十七乃入明道補校，初得趙師增雲、黃師政忠、林師福助之啓迪，完成初高中學業；於年二四先後入靜宜大學夜中文得顏師天佑、徐師漢昌、孔師仲溫、及中興大學夜中文，復得胡師楚生、王師淮，朱師維煥、李師建崑、陳師器文之相繼澆灌，於中國文史哲之領域，始有「井蛙」初探井幹之驚奇，其後有幸入逢甲大學中國文學所，復得黃師錦鋐、戴師瑞坤、胡師楚生、羅師宗濤、林師炯陽、莊師萬壽、李師威熊、林師敬欽、林師聰明、李師立信等眾「海若」之接引，由是方領略莊子所謂「井蛙不可語於海，拘於墟」、「今爾出於崖涘，觀於大海，乃知爾醜，爾將可語大理矣」之哲理。莊子之學，譬若浩瀚之海，既深且闊，包蓄秘富；其意象之豐富、思維之活潑，想像之馳騁，宛如「空中捉鳥，捉不住則飛去」（劉熙載《遊藝約言》）般地汪洋恣肆，儀態萬端，機趣橫生；其人生哲理亦足為個人自處處世之繩墨，值得吾人探究深掘矣。

　　為是個人乃以「焦竑莊子翼研究」為論文題目，除更深層地探索莊子哲學之本義、文字之美外；主綜究歷代莊學之演繹，釐析明・焦竑如何本「三教合一」之思想，薈萃魏晉以下，至有明當代之《莊》學所蘊含之歸指；進而針對《四庫提要》及錢穆先生對於《莊子翼》一書之評論，提出個人質疑之淺見；同時詳辨焦書之訛正，多方比較舉證是書「沒前人之出」之所在。焦竑《莊子翼》為研《莊》者必讀之參考書，若本論文之發表，有一二能裨於研《莊》者之參考，誠是幸矣。

　　個人雖晚學，其來時路亦多披星戴月，蹇塞有加，然個中喜樂卻多於淚水，此蓋沉浸於志趣且良師益友盈於周遭之所然也。而卒能於家庭與學業兩兼，及車禍後脊椎受傷，手不能舉，身不能直之情況下，完成此碩士論文者，則端蒙戴師瑞坤、胡師楚生、莊師萬壽、林師聰明之精神感召與鼓勵，諸公對待學生有若良朋之親切也；而黃師敬欽，不吝借予嚴靈峰編輯之《無求備齋莊子集成初續編》，則為研究初期免去往返圖書館之舟車疲累；尤以德高望重之黃師錦鋐能不棄，將不才列為門牆，不但書信音問不絕，予以多方啓迪淬鍊，即便後來黃老師客座香港中文大學時，亦不忘交代簡學長光明關照不才，學長不但先前於指導教授之熱心引介，其更在論文撰寫之方法上，給予無私之指導，且於資料上之提供，學長更是慷慨傾囊；而外子

仁志之鼓勵支持與通篇論文之打字、校稿、列印；小犬姚竑之乖巧；四姊夫婦賴汝南、施秀女代為照顧小犬及來自鹿港老母親那溢滿無盡之關愛，皆為本論文之完成注入無比之助力。對於以上諸多生命、靈魂中之貴人，本人於此謹致上最眞誠之感激與感謝。

　　　　　　　中華民國八十四年五月　鹿港後學施錫美謹致於台中中國小莊

第一章　導　論

第一節　研究動機與旨趣

　　《莊子》注之歷史，自東漢以迄明·萬曆年間，凡一千六百餘年，其間注家不下百餘家〔註1〕。諸家解《莊》，隨時空之遞遭，文化之融合，而各賦予《莊子》之時代性。其中或著重於訓詁音義之注疏、或敷衍清談、或蘊義儒理、或挾以禪門之說、或以道濟道，甚或融通儒、釋、道三家之思想，然多爲一家之言，鮮有集註。而集註之有，實權輿宋·褚伯秀之《南海眞經義海纂微》，是書集郭象以下十三家之解，並斷以己見，名之曰：「管見」。其編纂之原則，但「采獲所安，不以人廢」〔註2〕。及至明·孫應鰲據褚氏《南海眞經義海纂微》刪削增補，又益以張居正《評莊》、張四維《補註》、朱得之《通義》及蘇子瞻《廣成解》四家而成《莊義要刪》。其後明·焦竑踵褚氏之步、續孫氏之弦，有所增刪又益以《新傳》、羅勉道《南華循本》、劉辰翁、唐荊川（附徐士彰）與陸長庚（西星）《南華副墨》等六家；並旁引他說互相發明者，自支遁以下凡十五家，且附其舊所箚記間及《莊子》者，名曰《筆乘》。尤錄章句音義，自郭象以下凡十一家，綜采其合於《莊子》者，編纂而成《莊子翼》。

　　焦竑，爲「泰州學派」代表人物之一。從耿定向學，講學以羅汝芳爲宗，復與

〔註1〕案黃師錦鋐謂：「……據《釋文》的記載，恐怕還有班固（西元二二～九二年）的本子（《經典釋文》中殘留班氏《齊物論》三條注文）。《北堂書鈔》（卷一五八）和《藝文類聚》（卷九七）都引有班氏《難莊論》殘文。……」（見《中國歷代思想家～莊子》第一冊，頁19）故論《莊》注之歷史，當溯源自劉漢始。

〔註2〕見湯漢《南華眞經義海纂微》序之三，《道藏要籍選刊》第三冊，頁264。湯氏視王雱、呂惠卿爲「毒螫滿懷」之輩，其爲人固不足論，然以其解《莊》有足以與《莊子》相發明者，故褚伯秀不以人廢言而並采之。

李卓吾相友善，不但篤信其學，視卓吾爲聖人，且亦認爲佛學即聖學〔註3〕，提倡三教合一之思想。晚年則皈依淨業（修念佛三昧），是位禪淨雙修之居士。思想近禪家，著作每詮以佛理。因而受清廷詆毀，以爲其學「有傷聖教」，復坐李贄「敢倡亂道、惑世誣民」之累，故其著述大都被列爲禁毀之書。清・紀昀編《四庫全書總目提要》時，受此影響，亦視焦竑之學爲異端，將其多數著作編入存目之中，甚且不忘再三以禪學譏之，致使這位在明代以理學、考據學、史學等見稱，王門泰州一派之健將的學術成就，於有清一朝則僅以史學、考據學聞名。

而向之研究焦竑者，亦大多著重其於史學、考據學方面之成就，以及其生平年譜之編撰〔註4〕。至李焯然《焦竑之三教觀》一文方著重於介紹其三教合一之思想〔註5〕。然有關《莊子翼》一書〔註6〕之研究，繼明・董懋策《莊子翼評點》、清・王太岳《莊子翼考證》之後，則少有專論及之。迨及今下亦僅見連清吉先生之《焦竑莊子翼及其在日本流傳之情形》一文耳。

是書之價值，《四庫總目提要》認爲：「其所引據究多古書，固較流俗註本有根柢」。錢穆先生謂「《莊子翼》薈萃宋、明諸家舊誼。今諸家原著多半失傳，僅賴焦書見其梗概。宋、明儒發揮《莊子》義趣、融會釋氏、旁通先秦，有超越魏、晉者。學《莊》者自陸德明音義之下，首當研讀此書。」〔註7〕，黃師錦鋐亦謂：「（是書）不但集宋、明《莊子》注之大成，可說是研《莊》者必讀的參考書。」〔註8〕

今細觀《莊子翼》，除保留部分宋、明人解《莊》之思想資料外，其要旨則主在融通三教之思想。焦竑認爲儒學和《老》、《莊》是相通的，禪學和《老》、《莊》亦有可印證之處。其於〈莊子翼序〉中曰：

> 夫老之有莊，猶孔之有孟也。老子與孔子同時，莊子又與孟子同時，孔子未嘗攻老、莊也。後之學者顧諓諓然沸不少置，豈以孔、孟之言詳於有，而老、莊詳於無，疑其有不同者歟？

焦竑認爲，孔、孟、老、莊之所異者，其跡也，至其所以跡者同也。故曰：

> 道，一也。達者契之，眾人宗之。在中國者曰孔、孟、老、莊，其自西域者曰釋氏。（〈贈吳禮部序〉）。

〔註3〕見黃宗羲《明儒學案》卷三十五，〈文端焦澹園先生竑〉。
〔註4〕有關論焦竑史學、考據學及年譜等著作，請參閱本文「參考書目及論文」部分。
〔註5〕見李焯然《明史散論》卷三，〈焦竑三教觀〉，頁109～140。
〔註6〕見《四庫全書總目提要》卷一四六，子部，道家類，頁3042。《莊子翼》八卷，〈闕誤〉一卷，附錄一卷提要。
〔註7〕見錢穆《莊子纂箋》序目，頁4。
〔註8〕見黃師錦鋐《中國歷代思想家——莊子》第一冊，頁82。

焦竑自言其編纂《莊子翼》之原則是「采其合者」，亦即只要能發明《莊子》心性之旨趣者，弗論道、儒、或釋者，一並采之。其於〈筆乘〉亦本此宗旨，以三家之言解《莊》，此乃焦竑《莊子翼》思想特色之一，亦是明末學術風氣之主流。故本論文除考探其體例之得失，援引資料之出處外，主要旨趣乃在呈現焦竑立於心性之觀點以融通儒、釋、道三教之學術風貌。

第二節　研究方法與範圍

本文之論述以焦竑《莊子翼》為主軸，歷代《莊》注為副輻，兼及時代思想之因素，採比物醜類之方法及縱橫歸納之分析，藉以探討焦竑之生平學術、《莊子翼》援引資料、詮釋方法與思想之傾向，併釐析《四庫》譏評該書「沒前人所出」之然否，以為解讀與援引《莊子翼》者之參考為盼。

論文凡分為七章，約拾壹萬餘字。

首章僅就研究動機與旨趣、及研究方法與範圍簡述之。

次章追述焦竑之生平、著作及學術淵源，以期對焦竑之生平與思想型態作一概略之呈現。

三章探尋焦竑對《莊子》篇章立名之看法及《莊子翼》〈筆乘〉立義之特點。

四章考探《莊子翼》之體例及采集各家之類別，以明其所據之原本及編纂義例之得失。

五章就《莊子翼》所論述之內容及〈筆乘〉進行分析，以明《莊子翼》融通儒、道、釋三家義理之意涵。

六章則就《莊子翼》對後代之影響、流布之情況，以及《四庫全書》對其之評價，探討《莊子翼》在歷代《莊》注之地位與價值，並考探評述《提要》對《莊子翼》之意見然否。

七章結論，綜述《莊子》內七篇思想與歷代《莊》注之風貌、焦竑《莊子翼》之體例得失與影響，及其融通三教之觀點作結。

故本論文之撰述，不僅呈現焦竑為人治學之精神、三教合一之時代觀，更還原《莊子翼》之本來面貌，期盼對參考者有所助益矣。

第二章　焦竑生平著述與學術淵源

第一節　焦竑生平略述 〔註1〕

一、簡　介

焦竑字弱侯，一字叔度，又字從吾，號漪園、澹園，晚年則自號澹園老人，學者稱澹園先生〔註2〕。江蘇江寧人（今南京市郊），原籍山東省日照縣，又隸屬南京旗手衛籍〔註3〕，故焦竑每自稱鄉貫，輒有「琅琊焦竑」、「北海焦竑」、或「秣陵焦竑」

〔註1〕弱侯之生平資料，見《明史》卷二八八，本傳。《明儒學案》卷三五，〈泰州學案〉四，〈文端焦澹園先生竑〉，頁829。（明）過廷訓《本朝分省人物考》卷一三，《明代傳記叢刊》一三○冊，頁306，焦竑本傳。近人則有容肇祖《焦竑及其思想》，李文琪《焦竑及其國史經籍志》，林桐城《焦弱侯學記》，王琅《焦竑年譜》及李劍雄〈焦竑年譜簡編〉。本章節於諸文多所採擷。

〔註2〕（明）沈德符《萬曆野獲編》云：「癸未，先人以閱《尚書》分考得一南卷賞異之云：『非吾叔度老手不辨此』，時焦尚未改字。」（卷十四〈科場師弟相得〉）。而李贄《焚書》增補一有〈與焦從吾〉書三；《焚書》、《續焚書》中有〈與焦漪園〉書五；又其遺書中有「墓前立一石碑，題曰：『李卓吾先生之墓』字四尺大，大可託焦漪園書之，……」等語（《焚書·續焚書》漢京，一九八四）。知所謂「叔度」、「從吾」、「漪園」者，皆竑之字號也。而澹園者，乃竑自家園林之名稱，「萬曆二十六年……六月，舟抵白下，歸家。竑居城內北門橋，有園林，稱澹園。……」故以之為號，晚年則自號為「澹園老人」。撰《李氏續焚書序》，文末署「澹園老人焦竑」（時竑行年六十二）。「朱白石《文通》成，竑作〈文通引〉以序之，署『澹園老人』」（時竑已行年八十）（參李劍雄〈焦竑年譜簡編〉）。

〔註3〕竑之籍貫，諸書記載略有不同。明過庭訓《本朝分省人物考》卷十三〈焦竑本傳〉曰：「焦竑，……先世山東日照，隸南京旗手衛籍……」。明黃宗羲《明儒學案》卷三十五〈泰州學案〉四，〈焦竑本傳〉則曰：「焦竑……南京旗手衛人。……原籍山東。」（頁829）。又《四庫全書總目提要·易筌》曰：「焦竑……應天祈手衛籍，山

之異署也。生於明世宗嘉靖十九年庚子、十一月（西元一五四〇年），易簣於神宗萬曆四十八年己未壽誕之夜（西元一六一九年），享年八十〔註4〕。官授翰林修撰，學者因稱之「焦太史」，又曾任皇長子講官，後以誣陷之禍謫福寧州同知。卒後熹宗（天啟元年、辛酉、西元一六二一年）念其講幄功，增秩官諭，蔭子一人。南明・福王時（弘光元年、甲申、西元一六四四年）追諡文端。生平博極群書，內外典籍，無不淹貫，富藏書，有「澹園藏書樓」；與李贄善。論學主張援佛入道、儒，調和三家思想。以佛經所謂「性命之學，如暗室之一燈，孔子罕言，老子累言，釋氏則極言之」，爲是「釋氏之典一通，（老）、孔、孟之言立悟，無二理也」（〈管志道墓銘〉）。晚年歸隱南京，修習念佛三昧，以講學著述而終，從學者眾。所著校者宏富，皆具代表性（著校之豐，詳本文第二章第二節）。

二、家　風

東日照人。」（經，易，存目二，頁144），而《明史》卷二八八，〈焦竑本傳〉則稱竑爲江寧人。之所以有諸異稱者，蓋竑高祖原籍山東日照縣，先祖自明初以宦遊而留居南京。觀竑有《與日照宗人書》云：「我祖武略公，自國初以宦遊留金陵，二百餘載矣。德、靖間飢疾相仍，一門凋謝，祇餘吾父騎都衛一人耳。」（金陵叢書乙集之八《焦氏澹園集》卷十三，頁542、548）知竑之原籍山東日照，江寧是其誕生之地。而隸「南京旗手衛」者，乃其父文傑世襲祖父輩之軍籍。史據其出生地言之，而《四庫》等則仍書本貫兼及其所隸之軍籍，故宜有此異也。

〔註4〕竑之生年，據容肇祖〈焦竑及其思想〉考證，凡有三說：其一，生於明嘉靖十八年（己亥、西元一五三九年），此據《明狀元圖考》卷三曰：「焦竑年五十一登第」上推之。其二，生於明嘉靖十九年（庚子、西元一五四〇年），此據黃宗羲《明儒學案》卷三五，焦竑本傳云：「泰昌元年（即萬曆四十八年、庚申、西元一六二〇年。該年七月改元泰昌）卒。年八十一」上推之（麥仲貴《明清儒家著述生卒年表》因之）。其三，生於明嘉靖二十年，此據王鴻緒《明史稿》列傳卷一六四、《明史》卷二八八本傳俱說：「（竑）萬曆四十八年卒，年八十。」上推之（張慧劍《明清江蘇文人表》因之）。以上三說，容氏以嘉靖十九年證據較多，故採其說。

竑之卒年，諸書說亦有不同。《明儒學案》、《本朝分省人物考》、《明史稿》以及《明史》等，皆一致說是「卒於萬曆四十八年」，然於歲數者，《明史稿》與《明史》之記載，則爲「年八十」，較前二者之說早一年。這一年之差，王琅認爲是虛足歲計算方式不同所致（《焦竑年譜》）。但根據李劍雄之考證，謂竑乃於萬曆四十八年己未（西元一六一九年）冬十一月，亦即其八十大壽之夜逝世的。其引黃汝亨（字貞父，一五八八～一六二六）〈祭焦弱侯先生文〉說：「……先生素無疾，強飯，每與予對食，脫粟或數盂，面奕有光似未衰者。然本年冬十一月，行年八十，士大夫方歌頌爲壽，夜銜杯而曉聞易簣矣。」此說之所以可靠，以黃汝亨與竑過從甚密，始終書信音問不絕故也，本文以是因之。足證竑於八十大壽當夜易簣，是年即萬曆四十七年。並非如《明史》等所謂的卒於萬曆四十八年（即泰昌元年），若要以虛足歲強分之，則年八十當是虛歲而非足歲。據此而上推之，則竑之生年當是嘉靖十九年無誤。

竑生有異質，聞道甚早而好學，雖至老不倦〔註5〕。六歲從師觀天象臺，即有「天闊如此，人乃蔽以垣，撤之則六合爲一矣！」之嘆〔註6〕，頗見其日後主「三教合一」之識度。性復純孝，深得其父之重，認爲「家有讀書種子，當不斷絕矣」。特屬竑伯兄鏡川（名瑞）專意督教之，務欲其有成〔註7〕。鏡川即以經學課之，除朱註外，並旁及其他古註疏，若《左傳》、《國語》、《戰國策》、《史記》、《莊》、《騷》等書，無不鑽研之，且摹擬而爲文〔註8〕。竑日後學術多方，自經史以至稗官、雜說，無不淹貫，且於經學方面多所成就，尤其提出「《詩》古無協音」之說而影響陳第甚深者，除得力於「父督甚嚴」外，竑兄督教之功，亦誠不可沒矣。

三、師　友

（一）史惺堂、耿定向

　　嘉靖三十四年（西元一五五五年），焦竑年十六舉南京秀才。三年後，鄉試落第，隨即至金陵天界寺與報恩寺埋首苦讀。又三年，娶朱鼎三女爲妻。時竑家貧，瓶無

〔註5〕（明）過庭訓《本朝分省人物考》卷十三，焦竑本傳（《明代傳記叢刊》第一三○冊，頁306）。

〔註6〕《江寧縣志》載。轉引自王琅《焦竑年譜》，頁9。

〔註7〕見李贄《續焚書》卷二，〈壽焦太史尊翁後渠公八秩華誕序〉，頁55。引焦竑來書中所述其尊翁之生平事蹟曰：「……家大人（竑父名文傑，字世英）三歲失怙恃，備嘗難辛，能自立，不至隕獲。十六歲襲廕，掌軍政四十年，爲人伉直，不以一言欺人，亦不疑人欺之，心事如繩，可一引而盡。……中年，始舉伯兄，專意督教，務欲有成。至（竑）爲兒，教事一付伯兄，曰：『家有讀書種子，當不斷絕矣。』及伯兄爲令，所入俸盡廢之官。党或謂家大人，大人曰：『兒所持是也。』平生布衣糲飯，澹然自居，故能無求於世，無怨於人。有吳主簿者，部運至留都，密以八百金寄家大人。一日暴殞，家人失金所在，家大人舉而歸之，仍爲護其喪，還至通州。通州人至今不知也。年六十，即獨居一室，絕葷酒不茹，日惟禮佛誦經而已。近者複以禮誦之半室宴坐，期於冥契而未得也。家有竹林，俯青溪之勝，舉頭則鍾山在焉。大人時時杖屨出入，婚嫁應酬，一切不問。人以爲阜帽布裙，行窺園圃，有管幼安之風。故友楊道南目爲古逸民，豈非謂其遺世自立，而世之垢氛有不得而緇之耶！蓋家大人之少也，溷跡於軒冕而不知其榮；其壯也，教子以讀書而不求其利；其老也，歸心禪誦而惟深信於因果。信心而遊，盡意而已，當於無懷、葛天世求之，非今人也。舉世識眞者少，誰能辨別之！敢述大都以請於門下，倘得闡發道眞，一攄幽隱，當傳示雲仍，永以爲好，非獨家大人得蒙度脫已也。」〈與日照宗人書〉云：「某自髫年發憤向學，豈第爲世俗梯榮計，實吾父督教甚嚴，不忍怠棄，欲因之稍稍樹立，不愧家聲耳。」（《澹園續集》卷十三），綜觀諸上文，足見焦竑家風及其思想之根源也。竑父終年八十二，育子四人，竑次列三。

〔註8〕〈兩蘇經解序〉曰：「余髫年讀書，伯兄授以課程，即以經學爲務，於古註疏，有聞，必購讀。」（《焦澹園續集》卷一）

儲栗，生生所資，端賴其妻朱氏變賣嫁妝支持之。次年冬，嘉靖四十一年、壬戌（西元一五六二年），竑年二十三，稍志於學，卻苦其難入。適耿定向督學南京學政，首倡「識仁」之宗，一時從遊者眾。而焦竑以弱冠輒爲之先行解兼勝，定向特屬意焉〔註9〕。並託史惺堂（名桂芳）委曲接引之。惺堂性嚴重苦確，壹意內修。始以程藝相梯接，已而意其無迕，漸以修身立教教之，然無一言略及於道。時竑好剛使氣，未知所嚮往，讀《老子》如以耳食無異。聞耿定向「靜以應感、虛以求實」、「不尙玄遠」之教，志始有定，如馬之有銜勒而戶之有樞〔註10〕。竑自是始步入陽明心學殿堂。是年（嘉靖四十三年）六月竑再次鄉試下第還，適定向遴十四郡名士讀書崇正書院，延竑主其教（《耿天臺先生全書》卷八〈觀生記〉），凡有叩問不解者，如農夫夏廷美、潘士藻與鄒德涵等，定向都命與竑處，經竑啓發，俱有省悟。竑之名聲愈大震。乙丑，嘗從王襞問學，自此益勵身心性命之學，且率鄉人談孔、孟之道。至萬曆八年、庚辰（西元一五八○年），竑之治學範圍更擴及文物典章及訓詁考據之學，時《焦氏筆乘》、《類林》等書已在醞釀中。然於心性本體之體認，仍有「支離困敝」之惑。

（二）羅汝芳

萬曆十四年、丙戌（西元一五八六年），羅汝芳（號近溪）復至金陵講學。竑與友人姚汝循（字鳳麓）詣之問學。汝芳爲講「明明德」之學，俄頃之間，兩人皆有省〔註11〕，竑遂正式列於門牆。後作〈羅楊二先生祠堂記〉對其師羅汝芳甚表推崇。文曰：

> ……蓋支離困敝之餘，直指本心以示之，學者霍然如桎得脫、客得歸。

〔註 9〕《金陵叢書》本，乙集之八，耿定力《澹園集》序一，頁 477。

〔註10〕案：惺堂者，乃史桂芳之號，字景實，豫之鄱陽人。嘉靖癸丑進士。先是，嶺表鄧德昌，白沙弟子也，以其學授傅明應。……書古格言以勗，先生慢然異其言，蓋向學之意自此始。其後交於近溪、天臺，……，講於學者日力。……。其學以知恥爲端，以改過遷善爲實，以親師取友爲佽助。若夫抉隱造微，則俟人之自得，不數數然也。（參同前揭書，卷三四，〈惺堂史先生暨配安人沈氏合葬墓誌銘〉，頁 743）。又〈崇正堂答問〉謂：「吾師耿先生至金陵，首倡識仁之宗。其時，參求討論，皆於仁上用功。久之，領會者漸多。吾輩至今稍知向方者，皆吾師之功也。」（見《澹園集》卷四七，頁 830。）又〈老子翼序〉曰：「年二十有三，聞師友之訓，稍志於學，而苦其難入。有談者以所謂昭昭靈靈引之，忻然如有當也。反之於心，如馬之銜勒，而戶之有樞也。參之，近儒而又有合也，自以爲道在此矣。」（見《澹園集》卷十四，頁 566。）又天臺曰：『史惺堂，苦行修持人也。』……天臺又曰：『平生得三益友，皆良藥也。胡廬山爲正氣散，羅近溪爲越鞠丸，史惺堂爲排毒散。』先生在汝甯，與諸生論學，諸生或謁歸請益，即輟案牘，對之刺刺不休。談畢，珍重曰：「慎無弇髦吾言也。」激發屬吏，言辭慷慨。遂平令故有貪名，聞之流涕，翻然改行。郡有孝女，不嫁養父，先生躬拜其廬，民俗爲之一變。（《明儒學案卷六 白沙學案下》）由以上之引述，則惺堂之性嚴重苦確，壹意內修，由是可知梗概也。

〔註11〕同前揭書，卷十八，〈許浦塘七十序〉，頁 599。

始信聖人之必可爲，而陽明非欺我也。〔註12〕

羅汝芳亦十分器重焦竑，謂竑具大力，異日必弘斯道也〔註13〕。竑日後講學即以汝芳爲宗。至是竑之學問已涵涉三教之理。《老莊翼》即在萬曆十六年、戊子（西元一五八八年）刊行。

（三）李　贄

穆宗隆慶六年、壬申（西元一五七二年），竑結識至南京任職之李贄，二人過從甚密。竑日與贄朝夕促膝，窮詣彼此實際，甚爲冥契。贄稱其學「雖無所受，得之弱侯者亦甚有力」，視竑爲知交〔註14〕；竑對其學亦推挹羨豔，推尊贄「可坐聖門第二席」〔註15〕，並稱李贄乃「昔我從結髮，翩翩恣狂馳，凌厲問學場，志意縱橫飛」，「中原一顧盼，千載成相知，相知古今難，千秋一嘉遇，而我狂簡姿，得蒙英達顧。」之千年知音〔註16〕。而後兩人相繼論學，音問不絕。不意萬曆三十年、壬寅（西元一六〇二年），竑里居，忽聞贄以「敢倡亂道，惑世誣民」之狂禪誣名，身繫囹圄，自刎獄中，竑意甚痛憤，作〈薦李卓吾疏〉遙祭之。或因而謂竑不當與贄作緣，清・紀昀攻之最力，謂「竑與贄爲友，於贄之習氣沾染尤深，二人相率而爲狂禪。」此亦是「尊崇楊、墨而與孟子爲難」也〔註17〕。

四、政治生涯

（一）屢困公車

竑名望雖達，學術成就卓然，然於仕途卻異常坎廩蹇塞。初於嘉靖三十四年、

〔註12〕同前揭書，卷二七，〈鳳麓姚公墓表〉，頁695。
〔註13〕《金陵叢書》，乙集之九，《澹園集》，卷四九，余永寧〈明德堂答〉序，頁96。
〔註14〕同註7。李贄（1527～1602）明代思想家、文學家。字卓吾，號宏甫，別號溫陵居士。泉州晉江（今屬福建）人。曾任雲南姚安知府，未幾辭官，講學各地，後因「敢倡亂道，惑世誣民」罪名下獄，自殺而死。論學受王守仁和禪學之影響，公開以「異端」自居；認爲「穿衣吃飯即是人倫物理」；且認爲孔子之言，並非「萬世之至論」，反對「咸以孔子之是非爲是非」。其披以「狂禪」之名，蓋由是也。
〔註15〕《明儒學案》稱焦竑「師事耿天臺（定向）、羅近溪（汝芳），而又篤信卓吾（李贄）之學，以爲未必是聖人，可肩一狂字，坐聖門第二席，故以佛學即爲聖學，而明道（程顥）辟佛之語，皆一一絀之。」參《明儒學案》卷三五，〈泰州學案〉四，焦竑本傳，頁829。
〔註16〕同註13，卷三七，〈送李比部〉詩，頁34。此作頗得淵明〈歸去來兮〉之風味。
〔註17〕紀昀說：「（焦竑）友李贄，於贄之習氣沾染尤深。二人相率而爲狂禪，贄至於詆孔子，而竑亦至崇楊、墨，與孟子爲難，雖天地之大，無所不有，然不應妄誕至此也。」紀氏之說，亦視焦竑爲一「異端」。參《四庫全書總目提要》卷一三五，子部，雜家類存目二，頁2621，《支談》三卷提要。

乙卯（西元一五五六年）年十六舉京兆生，及嘉靖四十三年、甲子（西元一五六四年）年二十四舉於鄉，而後則屢困公車，六上皆不售〔註18〕。唯時人視科舉為躍龍門之梯，竑之如此矢意科舉者，則意在「不愧家聲」與「願為桑梓之光」。其〈與日照宗人書〉中特白此志業：

> 某自髫年發憤向學，豈第為世俗梯榮計，實吾父督教甚嚴，不忍怠棄，欲因之稍稍樹立，不愧家聲耳。〔註19〕

〈答董蓬萊啓〉一書中亦云：

> 平生志願，端不在輕肥。……竊自比葦弦之助矢心冰蘗，願為桑梓之光。〔註20〕

然面對多次之挫頓，竑仍不免有「千崖落木動微寒，匹馬西來歲欲殘」（〈留別天臺耿先生詩〉）、「名酒欲圖今夕醉，不堪重把《離騷》讀」（〈滿江紅〉）不勝今昔之悲，大有騷人懷才不遇之嘆也。其於〈自題小像〉詩中，同樣表達此種情懷。詩云：

> 幾人高閣畫麒麟，邱壑翩翩四十春。
>
> 宿世不貪調御位，應緣聊見淨名身。
>
> 夢殘白日雙眸豁，老去清風兩袖新。
>
> 皁帽窺園吾愧否？依稀重睹漢天民。〔註21〕

大抵竑於此時期之詩文，皆有「依稀重睹漢天民」壯志未酬之情志。為此李贄曾於萬曆十一年、癸未（竑年四十四）賦詩勸慰：「秣陵人去帝京遊，可是隋珠復暗投」、「豐城久去無人識，早晚知君已白頭」，意竑莫將青春等閒擲，須及早了悟性命之學〔註22〕。然竑於「不愧家聲」、「願為桑梓」之志堅，卒於萬曆十七年、己丑（西元一五八九年）舉進士第一，大魁天下，官授翰林撰修，讀書中秘，益討習國朝典章，而時竑

〔註18〕竑年十六選京兆生，年十九鄉試下第，年二五中舉後至年五十舉進士第一，前後歷經二五寒暑，毅力之堅，令人欽服。其間計有六次會試不售。分別是在年二六、二九、三二、三八、四一及年四四時。曾作「千崖落木動微寒，匹馬西來歲欲殘。四海風流今下榻，一尊煙雨夜憑闌。時危自覺知心貴，身在翻悲會面難。一望歸舟腸盡結，橫江波浪正漫漫。」詩（〈留別天臺耿先生〉，《澹園集》卷四，頁540。），表達其壯志未酬誓不休之情懷。

〔註19〕見《金陵叢書本》乙集之八，《澹園集》卷十二，頁548。

〔註20〕參前揭書，卷十，頁529。

〔註21〕詩餘〈滿江紅〉，參前揭書卷四六，頁76。七律〈自題小像〉，參前揭書，卷四十一，頁59。

〔註22〕參李贄《續焚書·與焦弱侯》：「……『秣陵人去帝京游，可是隋珠復暗投。昨夜山前雷雨作，傳君一字到黃州。獨步中原二十秋，劍光長射門間牛。豐城久去無人識，早晚知君已白頭。』尊翁老況何似？但能養志，不妨少九鼎之味也，況素淡其平生乎！」所謂「如真已到家，其樂可知。」者，即示以「了悟性命之學」之樂也。

行年已五十矣。

（二）宦海浮沉

由於竑矢意讀書，家事遂蕭條如洗，端賴繼室（武舉趙琦次女）持之。然竑及第後，同官司寇李、司寇溫餉金爲費，竑卻將之如數遣還；京兆欲爲之樹棹楔，竑則謝以賑饑；原籍山東欲表於宅，竑亦將之改置義田以嘉惠宗人之困者〔註23〕，實現其爲「桑梓光」之願。其於後學之提拔，亦不遺餘力。萬曆二十年、壬辰（西元一五九二年），分試禮闈，雖三場廢牘，亦品騭多方。其所以審愼如此，乃意無負天下士也。是科所舉拔者，如陳懿典、袁宏道等，皆一時清流〔註24〕。

萬曆二十二年、甲午（西元一五九四年），陳於陛建議修國史，意竑主其事，竑則遜謝之，僅任修撰，然仍究心於史學，首撰《國史經籍志》，繼之以〈論史〉、〈修史條陳四事議〉等議論文。不但極力提倡史學之當具獨立性、客觀性與眞實性；且十分強調史料保存之重要性，蓋「一書籍之當議，古之良史多資，……故當備有載籍以稱昭代右文之治」矣〔註25〕；於史事專職議題上，亦屬意再三，以爲「史之責重矣，不得其人，不可語史；得其人，不專其任，不可語史〔註26〕。」所論精當獨到，爲當政者所採納。其時修史諸人，除陳於陛外，獨竑能盡其職。後陳於陛病卒（萬曆二十四年、丙申），史事因而中輟，然竑仍殫日夕之力，網羅四海舊聞，私成《國朝獻徵錄》。而後亦編有《玉堂叢語》、《皇明人物考》、《熙朝名臣實錄》等史書，足見竑治史之勤，其於保存史料之功，誠偉矣。

同年，上詔簡東宮講官，遴者僅六人，竑與焉。懷著「始命慚燕隗，橫經淺漢才」之心情〔註27〕，毅然以輔導自任。一改講官只講不問之成規，對皇長子多方啓迪，年僅十三之皇長子，亦答問無滯，論者以爲皇長子論識過人，然實乃焦竑講解啓迪之得法也。時太倉相公（王錫輔）建議擇其近而易曉者，以課皇長子。講官諸人唯竑認眞爲之，采古籍可備勸戒儲君之事繪圖演之，名《養正圖解》。同官郭正域輩惡其不相聞，目爲欲賈譽以要功，竑遂止。朱國幀《湧潼小品》記載此事曰：

> 焦竑率直認眞。定講官六人，癸未則郭明龍……己丑則弱侯。太倉相
> 公謂擇其近而易曉者，勒一書進覽。無何太倉去國，諸公不復措意，惟弱

〔註23〕以上所論參《本朝分省人物考》、《明史》及《明儒學案》焦竑本傳。
〔註24〕見同註5《過庭訓·焦竑本傳》。
〔註25〕見《焦澹園續集》，卷五，頁517。
〔註26〕見同前揭書，卷四，頁514。
〔註27〕見同前揭書，卷四十，〈東朝出閣叨勸之役賜燕文華殿恭記一首〉，頁51。該詩語意乃由唐·張說〈赴集賢院學士上賜宴應制得輝字〉一詩中：「首命深燕隗，通經淺漢章」句化出。（見《全唐詩》卷八八之十四）

侯纂《養正圖說》一冊。郭聞之不平曰：「當眾爲之，奈何獨出一手？」
（竑遂止）後其子攜歸刻於南中……陳矩適至，取去數部呈御覽，諸老大
恚，謂由他途進，圖大拜。又載其序呂坤閨範，鄭國泰乞取添入後妃一門，
眾大譁，謂鄭氏著書，弱侯交結作序云云……〔註28〕

焦竑既負重名，性復疏直，時事有不可，非形之言論，輒上書諫爭，因而當政
者惡之，時相張位忌之尤甚〔註29〕。萬曆二十五年、丁酉（西元一五九七年）順天鄉試，
正副考官人事已定，然神宗特以竑副之，致使原被推者無不忌恨之。竑既出闈，不
察時勢，復將所撰《養正圖解》具〈恭進圖解以仰裨論教疏〉呈御覽，時禍本已成
矣。惡之者故借闈事撼拾之，取士子曹蕃等九人卷中二三險誕語彈劾之，謀必拔之
而後快。竑隨即撰寫〈謹述科場始末乞賜查勘以明心跡疏〉，以爲自白：

　　　　……臣謂有意退人與進人，皆屬不公，臣不敢爲。且《書經》分屬正
　　考，臣亦安得奪之？蓋場中閱卷，正考或可兼副考之事，副考不能侵正考
　　權，於理易見。今置正考不言，而以正考之人混加之臣，此其言非公平，
　　意主羅織，行路知矣。……〔註30〕

然「物議」既「欲焦竑早離青宮，講筵足矣。其關節固無影響，即摘文體亦多借名耳。」
故竑仍謫爲福建福寧州同知。是科遭瓜蔓之累者，尚有房考何崇業外放南京，考生吳
應鴻、鄭荼被斥，及曹蕃等數人亦遭重罰以待覆試。至於主考全天敍則高枕無一語訶
詰〔註31〕，一時輿論譁然，竑亦久不能釋懷。唯是科解元徐光啓乃焦竑於三場廢卷中
所推舉出者，而徐氏能倖免於此劫難者，是則可稍慰竑「丁酉之憾」矣〔註32〕。

〔註28〕轉引自《四庫全書總目提要》卷一四〇，子部，小說家類存目一，《玉堂叢語》八卷
　　　提要，頁2983。案：對此排擠效應，焦竑作《玉堂叢語》時，藉〈讎隟〉終篇記載
　　　此事，用以寓意。然《提要》則不以爲然，以爲「陳矩爲司禮太監，鄭國泰爲貴妃
　　　之姪」，二人身分敏感，加以「二書適入二人之手」且「俱得進於宮中」，時機皆非
　　　偶然，故肯定「當時物議，實有其因」，絕不可片面「盡委之排擠」也。
〔註29〕《明史》卷二八八，焦竑本傳。
〔註30〕見《焦澹園續集》，卷三，頁506。
〔註31〕詳同註29書，卷十五，〈科場——鄉試借題攻擊〉，頁11。沈氏另有〈考官畸坐〉（卷
　　　四，頁31）、〈科場——師弟相傳〉（卷十四，頁29）及〈北場口語之多〉（卷十五，
　　　頁12）等文，於「丁酉一役」，皆有述評。是年焦竑和友人卓吾一起返回南京，後至
　　　福建上任。
〔註32〕徐光啓年二十中秀才，而後亦屢困公車，丁酉再預順天鄉試則中解元。是科試題爲
　　　「舜居深山之中」，徐氏即以儒釋合流之心性學予以闡發曰：「聖帝之心，唯虛而能
　　　通也。夫深山之居，舜之心無心也，無心斯無所不通矣」。深得焦竑之心，故將之拔
　　　舉爲第一。日後成爲有明良相，此乃焦竑之力也。以上參樊洪業《耶穌會士與中國
　　　科學》，頁98。

（三）隱居修禪講學

焦竑自幼殖學彌力，雖屢困公車，且年至五十始魁天下。然任事則彌克其職，無一非可摘。未料「九鼎之味」未及八年，即遭誣陷謫調外任。於竑情何以堪？而仇者猶泥之前後，意在斬草必除根。萬曆二十七年、己亥（西元一五九九年）歲餘大計，竑復中以「浮躁」之名而被鐫秩〔註33〕，時竑已是「齒髮凋」之六十老翁矣。於此誤落塵網八九年，糾纏於風雲詭譎之政局中，焦竑卒參透官場之險惡，了悟「昨非今是」之理，毅然辭官歸鄉，脫離仕宦之藩籬，且賦〈贈別〉詩之一，以抒懷曰：

> 一落世網中，去家八九年，歸來齒髮凋，顧影淒自憐。人生無百歲，況乃多憂煎，違己詎非迷？負此區中緣。投甕差自適，攤書聊息肩，矯矯巢居子，千古稱高賢。〔註34〕

而後冤事雖得以白，所司亦推擇為同丞，隨之再推為南雍司業（《明分省人物考》），然竑遂不出，隱於金陵故居，「投甕自適」、「攤書息肩」；歸心於佛，修念佛三昧〔註35〕。且與黃汝亨（字貞父）「屢齒杯酒，時時相從於清溪幕府間」（〈焦竑年譜簡編〉），以稱千古高賢。

竑究心佛學，嘗從釋憨山德清、魯庵、愚庵、然定、天界覺丈人……等遊。蓋竑早歲懸繫舉業二十幾年，於金陵土剎修業者強半，此間魯庵待竑可謂「調護備至，有骨肉所不能及者」，竑由是「乃知『道』在外，良非虛語」（《澹園集》〈與魯庵〉）；亦嘗寓南京棲霞寺「參支許之遊，粗諳竺乾之語」，里居後慨以「至人不可遇，決策往尋之」（《澹園集》〈贈別〉詩之二），萬曆二十九年（西元一六〇一年）辛丑仲夏重遊棲霞寺，亦「與禪師然定忘言契道」（《澹園集》〈棲霞寺五百阿羅漢記〉）。而與界公遊青涼歸來更著《楞嚴論》（《澹園集》〈送界公遊青涼〉），直至萬曆戊午（西元一六一八年）年七十九仍和天界覺丈人談佛參禪不輟，樂此不疲〔註36〕。期間更為《楞嚴經》、《楞伽經》、《法華經》、《圓覺經》等重要「大乘經」作《精解評林》，為晚明佛教經典注入通俗性、實用性及融合性之義理；他如《國史經籍志》於釋家類廣羅釋典，諸此皆可明竑之

〔註33〕參《明史》，卷二五〈呂焦二書〉，頁13。是年（萬曆二十七年，西元一五九九年），竑毅然辭官，從此不再出仕，且為李贄作《藏書序》。三年後（西元一六〇二年），李贄亦受誣諂被捕入獄。後自殺於獄中。竑悲痛異常，作《追薦疏》悼之，人生之無常若是！

〔註34〕見《集澹園續集》，卷三七，頁36。

〔註35〕參《卍續藏經》卷四四，清彭際清《居士傳・焦竑本傳》部分。釋聖嚴《明末佛教研究》一書對於焦竑佛學著作、思想形態有詳實之記載。下文與竑往來之憨山德清（1546～1623），與當時雲棲袾宏（1535～1615）、紫柏真可（1543～1603）、藕益智旭（1599～1655），號稱明末四大高僧。於三教融合之思想，主「三教一理」說。

〔註36〕參方以智《藥地炮莊》，頁451。

深於佛，且出於佛矣。

　　竑年六十辭官里居時，利瑪竇適在南京，嘗詣竑傳教，亦嘗請徐光啓說服竑皈依天主教，竑終始不受。審其原因，蓋竑力主「三教合一」論，於文人場合，每與人論三教之理，而利氏則必以其耶教「有」之哲學，否定佛教「空」之理論，並駁斥「三教合一」論，乃妖怪之說（《明末天主教與儒學之交流和衝突》，頁一二五）故也。是時與竑同倡「三教同源」論者，尚有李贄、管志道、陶望齡、鄒元標……等人，皆竑友。

　　萬曆三十一年、癸卯（西元一六〇三年），竑應新安之會邀，赴還古書院講學，與會者「自薦紳先生以至兒童牧豎，四方之人莫不麕集」者二千餘人。竑與眾論學「隨機指示，言簡意盡」，頗見乃師汝芳之風。而「一時聞者，咸懾震踴躍」，「如旅而歸、如寐而覺、如調飢而享太牢，以此知性之相近，而堯、舜之可爲也。」〔註37〕萬曆三十四年、丙午（西元一六〇六年），竑年六十七，再度應謝與棟、余永寧之邀，蒞臨金陵羅近溪祠講學。聞者亦「歡喜踴躍，得未曾有，若惟恐其言之盡也。」〔註38〕諸言行論，門人謝與棟與余永甯將之分別輯爲〈古城答問〉、〈明德堂答問〉與〈崇正堂答問〉三問，成爲焦竑心學論之代表作。此後，竑仍力耕課讀，潛心著述，十幾年如一日，而「問奇之屨」亦「常滿戶外」，直至年八十壽終正寢。

五、小　結

　　焦竑在學術之成就，足爲「北面人宗」，早年即以「道德經術標舉於海內」，其後「餘言緒論」亦被視爲「冠冕舟航」（徐光啓〈澹園集序〉），或有「得其片言，莫不嘆爲難得」（耿定力《焦太史澹園集序》）而奉之爲「宇內拱璧」者（金勵甫《澹園續集序》）。觀竑門人徐光啓於其〈澹園集〉一文之序言，則可知竑於當時清望之宏達矣：

　　　　吾師澹園先生，粵自早歲，則以道德經述標表於內。鉅儒宿學北面人宗，餘言緒論流傳人間，亡不視爲冠冕舟航矣。洎登朝列，珥筆承明著作之庭，高文大篇，奇麗雄富；暫臥東山，休息乎道林藝圃，遠近宗把，屨滿限穿，答問更繁，述作尤盛〔註39〕。

〔註37〕《金陵叢書》本，乙集之九，《澹園集》卷四八，謝與棟〈古城答問〉序，頁89。

〔註38〕同前揭書，卷四九，〈明德堂問〉序，頁96。

〔註39〕《金陵叢書》本，乙集之九，《澹園續集》序二，頁102。案：徐光啓以爲凡文之設，須「能益於德、利於行、濟於事」，否則，「雖複摛藻華繁，飛辯雲湧」，不過猶似文士「刻脂鏤冰」之文而已。其次徐氏個人篤信耶教，於佛教之偶像崇拜及晚明狂禪之風氣，尤顯不滿，持論與其師焦竑態度迥異。然此處則僅就道德文學之角度，以「道德經術標表海內」之巨儒宿學形象讚揚其師焦竑，至於其師「逃禪佞佛」事，

顧竑雖晚達，復屢罹羅織誣讁，然其「識彌高、養彌邃」，且「綜萬方之略，究六藝之歸」（耿定力《焦太史澹園集序》），卓然名家；公望懷之，譬若「水之赴壑」；三教之論，衍爲晚明學術之風，而「其倡率理學，王弇州亦追之不及」也（《明儒學案》卷35〈本傳〉）。於此，焦竑何憾之有？

第二節　焦竑之治學著述概說

一、焦竑之治學藏書

　　焦竑素有博洽之譽。《明史》稱其「博極群書，自經史至稗官、雜說，無不淹貫」（焦竑本傳）。竑之知交鄒元標於〈送焦弱侯太史還朝序〉中亦稱「（竑）羅絡經史，貫穿百家，無不堅討，無不微究。與之處，如游瓊林武庫，探之無盡藏也」〔註40〕。知竑之博洽並非平地而起，除與其「性嗜讀書」及「其官修翰林時，盡閱中秘之書」有關外，其一生勤學不輟更是其博學洽談之主因。焦竑於〈題類林後〉中曾述及其爲學之歷程：

　　　　余少嗜讀書，苦家貧，不能多致，時從人借本諷之。〔註41〕

由於家貧，鮮藏書，故其所讀之書大多借自或受自藏書家，或恐「隨諷隨忘」，甚而手自節錄。沈德符〈科場～師弟相傳〉中便述及焦竑久困公車，無力購書，而仍勤以讀書之情況：

　　　　焦（竑）久困公車，每歲必至吾家留浹月，借觀書籍，時焦貧窶至於手自節錄。……或遇巨函，則大父撤以貽之。〔註42〕

則隻字弗論之。審徐氏之所以然者，蓋冀爲報答竑於「丁酉」鄉試時，於廢卷中將己拔置第一之知遇之恩也。

〔註40〕《鄒子願學集》卷四。鄒元標，字爾瞻，別號南臯，豫之吉水人，萬曆丁丑進士。弱冠從胡直遊，其學「以識心體爲入手，以行恕於人倫事物之間，與愚夫愚婦同體爲功夫，以不起意空空爲極致。離道德，無所謂大本；離和，無所謂中，故先生於禪學亦所不諱。……其一規一矩……仍是儒家本色，不從佛氏來也。」（《明儒學案》卷二三）這種思想上融通禪理，而行爲卻仍是謹守儒家本色者，非獨元標個人之特色，亦是明末知識份子普遍之現象（參荒木見悟《明代思想史研究》第九章）。

〔註41〕《金陵叢書》乙集之八《澹園集》卷二二，頁638。

〔註42〕《萬曆野獲編》卷十四，頁29～30。「大父」者即沈德潛之祖父。蓋大父者，即祖父，或外祖父之謂也。亦即焦竑於嘉靖甲子舉應天鄉試之座師沈啓源。沈啓源，字道初，別號霓川，一號存石。著有《鶡園草》、《巢雲館詩記》等書。焦竑《澹園集》卷三三有〈霓川沈先生行狀〉、卷十三有〈答座師〉、卷四一有〈寄沈少參座師〉、〈寄沈少參座石存石草堂四首〉等詩文。

其後登公車，始廣搜經書。己丑檢中秘書，乃竑聞見大開之關鍵，進而得償久尋未得之書。其於〈刻兩蘇經解序〉記載此事曰：

> （余）弱冠得子由《老子》解，奇之，尋於荊溪唐中丞得子瞻《易》、《書》二解。己丑檢中秘書，始獲《論》、《孟》拾遺，壬辰奉使大梁，於中尉西亭所獲子由《詩》與《春秋解》，丁酉侍御畢公袞而刻之。而子瞻《論語》解，辛佚不傳。刻成，而予為之序。〔註43〕

其門人陳懿典對於焦竑廣搜異本秘冊及與海內名流討析微言之精神，亦有詳實之記載：

> 先生為諸生，以迨公車入詞林，無日不搜獵古人之載籍，聞有異本秘冊必為購寫，又日與海內名流討析微言，訂正謬誤，填索遺義。朝家故實，無不如指掌……〔註44〕

及至竑辭官里居，即便「家境瀟條如洗」，亦「全不掛意，只知讀書云耳」，儼然一書生也，故李贄直嘆「弱侯是天上人」〔註45〕。晚年亦是讀書不廢。焦竑七十大壽時，其學生陳懿典撰文為其祝壽時，便稱焦竑「出詳性命，入驗衾影，暇而編書，行年七十而昕夕披誦，不減少壯」，且「生平無曲糵、粉黛、弈搏、珍玩之好，家人產絕不問，而獨不忘學，故能養成無欲之體。」〔註46〕焦竑一生寡味，唯好讀書、藏書、著書。黃宗羲稱其積書數萬卷，覽之略遍（《明儒學案》），《中國藏書家考略》亦謂其「藏書兩樓，五楹俱滿，一一皆經校讎探討。」藏書之豐，被譽為南中之最。觀焦竑之所以貴重書籍者，蓋其認為書籍「不但於史學有資，而於聖世文明之化未必無補。」〔註47〕此雖是史家之洞見，然於書籍之功用，亦是深中要理。

二、焦竑之著書校書

焦竑生平之著述及編錄校刊之書，亦如其學。然以其身負重名，故時「託名者眾」，復與李贄遊，坐「敢倡亂道，惑世誣民」之名，其著作故多遭清廷禁毀，以致有僅存書目者，或有因年代久遠而散佚者。今據《明史》、《四庫全書總目提要》、《四

〔註43〕《金陵叢書》乙集之九《澹園續集》卷一，頁 144。文中有云「餘髫年讀書，……聞兩蘇氏分釋經子，甚慕之，未獲也。」

〔註44〕同註 41 書，《澹園集》序三，頁 479。

〔註45〕《續焚書》卷一〈復劉肖川〉頁 29。

〔註46〕焦竑七十大壽，除陳懿典外並鄒元標〈焦弱侯太史七十序〉，顧起元撰〈太史澹園七十〉詩為之祝壽。（參李劍雄《焦竑年譜簡編》）。

〔註47〕《金陵叢書》乙集之八《澹園集》卷六〈修史條陳四事議〉，頁 514。此乃焦竑讀中秘之書，見散失甚多，存者無幾，以史家立場所提出對書籍之見解。

庫未收書目禁毀書目》之記載，並參酌李文琪、林桐城二人之考，及他書資料，暫得其著述凡五十有七部，別爲兩類，以利分述〔註48〕。

〔註48〕焦竑之著述據李文琪《焦竑及其國史經籍志》之考，計有三十九部，而林桐城《焦弱侯學記》則說有四十九部。其中《焦氏筆乘》、《筆乘續集》林氏將之別爲二，故實際上是較李氏多了九部。李、林二氏之考各有優勢，林氏詳於存佚眞僞之辨；李氏則詳於形式與分類之介紹，皆有功於研焦者之參考。然於竑研佛之書（見錄於《新編卍續藏經》中《楞嚴經精解評林》九十冊，頁 325、《楞伽經精解評林》九一冊，頁 333）、《法華經精解評林》九三冊，頁 57，及《圓覺經精解評林》九四冊，頁 1），惜皆未能及之。茲參考李、林二氏之考，並及《明史藝文志》、《四庫全書總目提要》、《四庫未收書目》、及《四庫禁燬書目》，暫得焦竑書凡五十七部，列表於下：

		焦竑之著作			焦竑編選批校者	
經　部	易類	《易筌》	（今未見）	五經總義類	《兩蘇經解》	（今存）
	禮　類	《考工記解》	（今未見）	春秋類	《春秋左傳鈔》	（今未見）
	書　類	《禹貢解》	（今未見）			
	小學類	《小學圖註》	（今未見）			
		《俗書刊誤》	（今存）			
史　部	傳記類	《熙朝名臣實錄》	（今未見）	傳記類	《遜國忠節錄》	（今未見）
		《詞林嘉話》	（今未見）		《皇明人物考》	（今存）
		《養正圖解》	（今存）		《國朝獻徵錄》	（今存）
	地理類	《關公祠志》	（今未見）		《歷科廷試狀元策》	（今存）
	職官類	《詞林歷官表》	（今未見）			
		《京學志》	（今存）			
	目錄類	《國史經籍志》	（今存）			
		《焦氏藏書目》	（今未見）			
子　部	儒家類	《東宮講義》	（今未見）	兵家類	《唐荊川先生纂輯武編》	（今存）
	雜家類	《焦弱侯問答》	（今未見）	雜家類	《升庵外集》	（今存）
		《焦氏筆乘》	（今存）		《東坡志林》	（今存）
		《筆乘續集》	（今存）		《二十九子品彙釋評》	（今存）
		《焦氏筆乘別集》	（今未見）		《九子全書評正林正集》	（今存）
		《支談》	（今存）		《李氏遺書》	（今未見）
		《金陵舊事》	（今存）		（清禁燬書目四種，作李贄著）	
	小說類	《玉堂叢語》	（今存）			
		《焦氏類林》	（今存）			
		（《提要》列雜家類）				
		《明世說》	（今未見）			
	釋家類	《法華經精解評林》	（今存）			
		《楞伽經精解評林》	（今存）			
		《楞嚴經精解評林》	（今存）			
		《圓覺經精解評林》	（今存）			
	道家類	《老子翼》	（今存）			
		《莊子翼》	（今存）			
		《陰符經》	（今存）			

其一為焦竑所編選批校者：

計有《兩蘇經解》六十四卷、《春秋左傳鈔》十四卷、《皇明人物考》（清亦作《明人物考》）六卷、《國朝獻徵錄》一百二十卷、《唐荊川先生纂輯武編》前六卷、後六卷、《升庵外集》一百卷、《李氏遺書》、《東坡志林》五卷、《遜國忠節錄》四卷、《新鍥二太史彙選註釋九子全書評正林正集》十四卷，續十卷，卷首一卷、《新刊焦太史彙選百家評林明文珠璣》十卷、《新鍥翰林三狀元會選二十九子品彙釋評》二十卷、《新鐫焦太史彙選中原文獻》二十四卷、《張於湖集》八卷、附錄一卷、《謝康樂集》四卷、《評蘇長公二妙集》二十二卷、《歷代廷試狀元策》七卷、《批選五言律細》一卷、《批點七言律細》一卷、《兩漢萃寶評林》三卷、《文章軌範評林》七卷、《續文章軌範評林》（《增纂評注文章軌範》）七卷等二十二部。除《春秋左傳鈔》一書亡佚外，餘者今皆存。其中《皇明人物考》、《國朝獻徵錄》、《歷代廷試狀元策》與《遜國忠節錄》皆曾遭清廷禁毀，分別被列爲「軍機處奏准抽燬書目」、「抽燬書目」及「應繳違礙書目」。然考諸書之內容，則頗具史學價值，可補正史之不足。

（一）《國朝獻徵錄》、《遜國忠節錄》

若《國朝獻徵錄》者，乃明代人物傳記資料選編，內容採自「洪武迄於嘉靖」十二朝名人之訓錄、方志、野史、神道碑、墓誌銘、行狀、別傳等原始史料事蹟。其體例以「宗室戚畹、勳爵、內閣、六卿以下各官分類標目；其無官者以孝子、義人、儒林、藝苑等目分載之。」「蒐採極博」，足資研史者，觀萬斯同之修《明史》，則曾資與官修實錄對勘，且嘆「可備國史之采擇者，唯此而已」。雖則《四庫》對於是書有「徵引龐雜，文頗氾濫」；「而碑文、墓銘往往阿諛死者」；「稗官、野史又每多失實」，及「引據之書，或註或不註」等批評，且總以「不免疏漏」、「不皆可據」概之。然亦不傷其保存史料之價值也。唯《遜國忠節錄》以焦竑《澹園集》卷十四

集　部	別　　集	《澹園集》	（今存）	別集	《張于湖集》	（今存）
		《澹園集續集》	（今存）	總集類	《中原文獻》	（今存）
		《澹園別集》	（今未見）	詩文評類	《評蘇長公二妙集》	（今存）
		《謝康樂集》	（今存）		《批選五言律細》	（今存）
					《批點七言律細》	（今存）
					《兩漢萃寶評林》	（今存）
					《文章軌範評林》	（今存）
					《續文章軌範評林》	（今存）
					《百家評林明文珠璣》	（今存）
其　他		《焦太史葬錄》	（今未見）			
		《能文必要》	（今未見）			

收有〈忠節錄序〉一文中有「……嘗考遜國諸臣，仗節死義，與藏名遠舉者，至不可勝數。……然世無敢頌言其忠者。迄今上登極，詔下，京大兆始仰承德意，建祠治城，錄其尤著者百十有八人，春秋祀之，……但事舉一時，不無闕略，少宰李公廷機、少宗佰葉公向高，增入若干人。頃大鴻臚張公朝瑞，……謂當時事蹟散見他事者尚多有之，乃芟繁剔僞，合爲一編，復增入者若干人，……乃出以眇之，而拜屬爲序。余鄉陳諒之弘治中爲武選得諸臣事於故牘中，銓次爲集，家世寖遠，書以不存，余嘗恨之。近得十數家，又詳略殊方，舛誤錯出，得公一加勘定，勒爲不刊。」等言，知該書之成乃集李廷機等人之手，而非僅竑一人耳〔註49〕。

（二）《二十九子品彙釋評》與《中原文獻》

再者《二十九子品彙釋評》與《中原文獻》二書，前書以「雜錄諸子，毫無倫次，評語亦皆託名，謬陋不可言狀」；後書則以「其自有序云：『一切典故，無當於制者，既置弗錄。』識見已陋，至首列六經，妄爲刪改，以爲全書難窮，祇揭大要，其謬更甚。」蓋「竑雖耽於禪學，敢爲異論，然在明人當中尚屬賅博」，當不致如是顛舛，故《四庫全書總目提要》以爲皆坊商僞託之作〔註50〕。

（三）《九子全書評正林正集》與《百家評林明文珠璣》

他如《九子全書評正林正集》與《百家評林明文珠璣》二者，以前書「《正集》有焦竑序，《續集》有李廷機序」，且均未署年月，又書內或題『書林霖宇詹聖譯刊行』、或題『建邑書林詹霖宇靜觀寶繡梓』，頗不一致，故疑爲「坊賈射利之作」；而後書之刊行，據焦氏自序繫年當爲萬曆二十二年，然其中收入有明作品凡一百一十家中，卻有萬曆四十四年進士袁中道之作品；且考其門人許吳儒於萬曆三十四年《澹園集・識語》中所列焦竑已刊、未刊書目中並未及是書，故疑其亦爲坊商所僞託之作也。

故總焦竑編選批校者雖有二十二部，然除卻疑出自坊商僞託之作，及非竑獨力所編者外，則屬竑所編選批校者，就目前研究，實得十八部耳。

〔註49〕《國朝獻徵錄》，見《提要》卷六十二，史部，傳記類存目四總類中，頁 1365。《遜國忠節錄》，參林桐城《焦弱侯學記》頁 76、78。《遜國忠節錄》八卷，見載《明史藝文志》史部傳記類，而《千頃堂書目》則作《遜國忠臣錄》四卷。然竑之門人許吳儒列其著作書目時，則作《遜國忠節錄》四卷，《清代禁書知見錄》亦作《遜國忠節錄》四卷。林氏考之甚詳，本文因之。

〔註50〕見《四庫全書總目提要》卷一三二，子部，雜家類存目九雜纂中，頁 2737，《二十九子品彙釋評》二十卷提要。卷一九三，集部四十六，總集類存目三，頁 4295《中原文獻》二十四卷提要。

其二是焦竑所著之書

計有《易筌》六卷附論一卷、《禹貢解》一卷、《考工記解》二卷、《小學圖註》九卷、《熙朝名臣實錄》二十七卷、《詞林嘉話》六卷、《詞林歷官表》三卷、《焦氏藏書目》二卷、《國史經籍志》六卷、《京學志》八卷、《關公祠志》九卷、《焦太史葬錄》一冊、《能文必要》四卷、《養正圖解》（全卷）、《東官講義》六卷、《焦弱侯問答》一卷、《俗書勘誤》三卷、《焦氏筆乘》八卷、《筆乘續集》八卷、《筆乘別集》（卷數不詳）、《支談》三卷、《金陵舊事》十卷、《玉堂叢語》八卷、《焦氏類林》八卷、《明世說》八卷、《老子翼》一卷，考翼一卷、《莊子翼》八卷，闕誤一卷，附錄一卷、《陰符經》一卷、《法華經精解評林》二卷、《楞伽經精解評林》一卷、《楞嚴經精解評林》三卷、《圓覺經精解評林》及《澹園集》四十九卷，附錄一卷、《澹園續集》二十七卷、《澹園別集》（卷數不詳）等三十五部。

其中《易筌》與《禹貢解》為清禁毀之書，今僅存書目。而《考工記解》，今僅見《千頃堂》及《明史藝文志》載有其書目、《詞林歷官表》者，則存目於《明史志第七十三文二》及《千頃堂書目》中，今亦不得見其面貌、《明世說》者，則僅見於《千頃堂書目》中，觀其書名，或為《玉堂叢語》之前身也、《詞林嘉話》、《東官講義》》二書者，則未見於任何藏書目錄、《關公祠志》者，亦稱《漢關將軍廟志》或《漢關聖帝君廟志》），或標焦竑與趙欽湯等人所編；或標趙欽湯所編，焦竑僅為之序而已。餘《小學圖註》、《熙朝名臣實錄》、《焦氏藏書目》、《焦太史葬錄》、《能文必要》、《焦弱侯問答》、《澹園別集》、《筆乘別集》等書〔註51〕，除《易筌》、《焦弱侯問答》與《熙朝名臣實錄》見載於《四庫全書總目提要》外，諸書今皆難窺其全豹之姿。

（一）《易筌》、《焦弱侯問答》、《熙朝名臣實錄》

若《易筌》者，《提要》認為是書「大旨欲以二氏通於《易》，每雜引《列子》、《黃庭內經》、《抱樸子》諸書，以釋經」，故「時以禪學譏之」為「不誣」之論。《焦弱侯問答》者，《提要》不但首抨擊焦竑友李贄鼓狂禪，是「異端」之學；且將明季狂禪風氣之導因，歸諸弱侯《問答》之影響也。而《熙朝名臣實錄》者，乃焦竑鑒於「明代諸帝有實錄，而諸臣之事不詳」，故承宋人實錄之體，除「王侯將相」外，更備載諸多史傳所未詳之「士庶人、方外緇黃、童僕妾技」之事跡；唯其內容所引

〔註51〕《澹園別集》見錄於《明代傳記叢刊》第一三〇冊，（明）過廷訓《本朝分省人物考》卷十三，焦竑本傳。《筆乘別集》見錄於林慶彰《明代考據學研究》第七章，頁309。據明刻《澹園集》題記，焦竑尚有《筆乘別集》六卷，未見傳本。見《焦氏筆乘》前言，孔子文化大全編輯部山東友誼局出版。

者多「稗官小說」，準此《提要》一者肯定其「足以資考證」，一者復評其「未可徵信」；且見文末所附「李贄評語」，更以「尤為妄誕，不足據為定論」否定之。故據《提要》所論，知三書皆涉「狂禪」之學也〔註52〕。

（二）《京學志》、《養正圖解》、《焦氏類林》

而《京學志》、《養正圖解》、《焦氏類林》三書，根據《提要》之述與焦竑自序，當非假焦竑一人之手而已。考《京學志》焦竑序中有「……何君琪枝、張君禮化至，相與繼圖之，而『志』始成，屬余稍稍刪潤之以傳。」云者〔註53〕，據此知是書之編纂當非獨出焦竑。而《養正圖解》者，根據焦竑於序中自云成書之由：「歲甲午命皇長子出閣講學，某以職叨從勸講之後，……獨念四子五經，理之淵海，窮年講習，未易殫明，……理涉虛而難見，事徵實而易知，故今古以通之，圖繪以像……采古言行可資勸誡者著為圖說，名曰『養正圖解』」云云，及祝世祿序有：「……繪圖為丁雲鵬、書解為吳繼序、捐貲鐫之為吳懷讓，而鐫手為黃奇成。」云者〔註54〕，知是書內容為焦竑所采輯，而為之繪圖、書解者，則另有其人。及《焦氏類林》者，亦根據焦竑自序：「庚辰讀書，有感葛稚川語遇會心處，輒以片紙記之，殘槖委以篋笥，……後李士龍（李登）見之，乃手自整理，取《世說》篇目括之，其不盡者，括以他目，譬之溝中之斷，文以青黃」也〔註55〕，以是《提要》雖定成此書者，實為李登。然則思想內容則出自焦竑也。又該書卷末錄有「仙宗釋部」一門。再觀及焦竑《楞嚴經精解評林》、《楞伽經精解評林》、《法華經精解評林》及《圓覺經精解評林》等四部佛書之著作，據此足以證竑之精通內典也。

（三）《玉堂叢語》

《玉堂叢語》者，為竑博覽典籍之筆記記錄，是書一如《類林》亦仿臨川《世說》之編撰體例，內容「採摭明初以來，翰林諸臣遺言往行，分條臚載，凡五十有四類，而終於〈讎隙〉。」〔註56〕可說是《焦氏類林》之延續。魯迅於《中國小說

〔註52〕又《易筌》、《焦弱侯問答》與《熙朝名臣實錄》等三書，分別見《四庫全書總目提要》卷八，經部，《易》類存目二，頁144，《易筌》六卷，〈附錄〉一卷提要。卷一二五，子部，雜家類存目二雜學下，頁2621，《焦弱侯問答》一卷提要。及卷六二，史部，傳記類存目四，頁1365，《熙朝名臣實錄》二七卷提要。

〔註53〕《京學志序》見《金陵叢書》本，乙集之八，《澹園集》卷十四，頁564。

〔註54〕見明萬曆二十二年（1594）吳懷讓刊本《養正圖解》，不分卷。

〔註55〕見《四庫全書總目提要》卷一三二，子部，雜家類存目九雜纂中，頁2737，《焦氏類林》提要，及李士龍（登）《粵雅堂叢書》本刻《焦氏類林》引。

〔註56〕明萬曆四十六年曼山館刊本《玉堂叢語》顧起元序、《四庫總目提要》卷一百四十三，子部小說類存目一異聞，頁2983。

史略》則將之與《焦氏類林》並列爲明人軼事小說，認爲此乃《世說新語》餘波之作，雖內容誠如《提要》所評：「皆非奇秘之文」、皆「纂舊聞則別無穎異，述時事則傷於矯揉」，然其取材廣博，足證竑「博極群書」之能力。是書所輯錄之數百條史料中，有明確註明出處者，據李焯然統計其所徵引之書籍多達五十餘種。保存大量珍貴的筆記資料，足爲研究明史者之參考，亦可資正史之不足〔註57〕。

（四）《俗書刊誤》、《焦氏筆乘》、《筆乘續集》

《俗書刊誤》、《焦氏筆乘》、《筆乘續集》等三部，乃多涉考證之作。《俗書刊誤》者，旨在糾正俗寫字體之誤，乃焦竑「早歲課子，嘗間爲點定兒曹，因筆於策，以識不忘云爾，……」〔註58〕，內容或類分四聲刊正僞字、或考駢字，字始；或考音同字異、字同音異；或考俗用雜字、字形疑似等，有助學者研究古文字、勘正誤字之用，故《四庫全書總目提要》評之「其辨最詳」〔註59〕。而《焦氏筆乘八卷》、《焦氏筆乘續集》（內容和正集大同小異）所涉頗廣：有關考定者、有發揮義理者、有傳記資料者、有鈔集資料者、有辨僞書者、有涉及醫方者，及其他著作附入者〔註60〕。足見是書內容之蹠駮，然所涉及考證者，頗多引前人筆記而沒其所出，故《四庫全書總目提要》譏其「是書多考證舊聞，亦兼涉名理，然多剿襲說部，沒其所出。」且對「其講學解經，尤喜雜引異說，參合附會，如以孔子所云『空空』，及顏子之『屢空』，爲虛無寂滅之類」，則認爲「皆乖迂正經，有傷聖教。」〔註61〕，觀《提要》所譏，亦可知焦竑「三教歸一」之思想傾向，而其書被列爲禁毀書目，亦由是而生也。

（五）《國史經籍志》

而《國史經籍志》，乃「萬曆年間陳于陛議修國史，引竑專領其事，書未成而罷，僅成此志，故仍以《國史》爲名〔註62〕。」是書大抵取法鄭樵《通志·藝文略》，惟併鄭書之十二大類，一五五小類爲四部四十八類。全書分爲六卷「首列制書類，凡御

〔註57〕參李焯然《焦竑及其玉堂叢語》一文。

〔註58〕《俗書刊誤》卷首，焦竑自序。

〔註59〕見《四庫全書總目提要》卷四一，經部，小學類二，，頁873。《俗書刊誤》八卷提要。

〔註60〕其他著作附入者，如：《筆乘續集》卷二爲《支談》、卷七至卷八爲《金陵舊事》。此二書皆有單行本，唯後者單行本今未見。參林慶彰《明代考據學》頁309～310。

〔註61〕見《四庫全書總目提要》卷一百二十八，子部三十八，雜家類存目五，頁1687，《焦氏筆乘》八卷提要。

〔註62〕見《四庫全書總目提要》卷八七，史部目錄類存目，頁1814，《國史經籍志》六卷提要。

制及中宮著作、記注時政、敕修諸書皆附焉。餘分經、史、子、集四部。末附糾繆一卷，則駁正《漢書》、《隋書》、《唐書》、《宋史藝文志》，及《四庫書目》、《崇文總目》、鄭樵《藝文略》、馬端臨《經籍考》、晁公武《讀書志》諸家分門之誤〔註63〕。」由於該志內容大部分非根據現實藏書，而是走向「百代之有無」「廣古今而無遺」之作法，故《四庫全書總目提要》評其「叢鈔舊目，無所考核，不論存亡，率爾濫載，古來目錄惟是書最不足憑〔註64〕。」然日人內藤虎次郎之《支那史學史》則特別推崇焦竑在目錄學上之貢獻，譽其乃明代目錄學之代表〔註65〕。錢大昕撰《元藝文志》時，亦稱其「所見元、明諸家文集、志乘、小說，無慮數百種」，而於是書「采獲頗多」〔註66〕。章學誠《校讎通義》亦謂：「特其〈糾繆〉一卷，譏正前代著錄之誤，……整齊有法，去汰裁甚，要之有可節取焉〔註67〕。」由是知竑之《國史經籍錄》雖有《四庫》所譏之疵，然其於目錄學上之貢獻，則不可以一眚而掩蓋之。

（六）《支談》、《老子翼》、《莊子翼》及《陰符經》

他如《支談》、《老子翼》、《莊子翼》及《陰符經》等思想中心大抵亦以三家之理解之，而歸本於三教歸一之旨。《支談》者，《提要》論「是書主於三教歸一，而併欲陰駕佛、老於孔子之上，此姚江末流之弊，……」〔註68〕。而《老子翼》者，「所採諸說，大抵取諸道藏。……」，其去取，「大旨主於闡發玄言，務明清淨自然之理」〔註69〕。《陰符經解》者，「雖引張平叔真土擒真鉛，真鉛制真汞之說，似乎神仙家言」，「而核其宗者，實以佛理解之。……蓋竑與李贄友善，故氣類薰染，喜談禪說，其作此註，仍然三教歸一之旨也〔註70〕。」至於《莊子翼》大抵亦是以三教言作解。如釋《逍遙遊》「夫子因拙於用大矣」引孔子言作解；釋《養生主》「薪火相傳」則引佛典為說；釋《庚桑楚》「能抱一而勿失」則引《道德經》言解之〔註71〕。由是知「竑於

〔註63〕見《四庫全書總目提要》卷八七，史部目錄類存目，頁1814，《國史經籍志》六卷提要。

〔註64〕見《四庫全書總目提要》卷八七，史部目錄類存目，頁1814，《國史經籍志》六卷提要。

〔註65〕焦竑於史學之貢獻，參李焯然〈焦竑之史學思想〉一文。

〔註66〕見錢大昕《十駕齋養新錄·元藝文志》卷一四，頁781。

〔註67〕見章學誠《校讎通義》內篇二，轉引自王琅《焦竑年譜》，頁125。

〔註68〕見《四庫全書總目提要》卷一二五，子部三十五，道家類存目二雜學下，頁2621，《支談》三卷提要。

〔註69〕同前書，卷一四六，子部五十六，道家類，頁3034，《老子翼》三卷，〈附錄〉一卷提要。

〔註70〕同前書，卷一四七，子部五十七，道家類存目，頁3061，《陰符經》一卷提要。「張永叔」，《粵雅堂叢書》本，作「張平叔」。

〔註71〕見《金陵叢書》本甲集之五，《莊子翼·筆乘》，頁249、247及437。

二氏之學本深於儒學」也，故欲窺其「三教觀」之端倪，亦可由諸書登門也。

（七）《澹園集》、《澹園續集》

至於在清代分別被列爲禁燬書目四種之一、軍機處奏准全燬書目及應繳違礙書目之《澹園集》、《澹園續集》），在明朝則是被時人以「不得盡窺其全爲憾」，而視爲拱璧、奉爲圭臬，〔註72〕。其門人徐光啟序其文集時，類其文章爲三：大臣之文、朝家之文、大儒之文。並指出當時文壇「言皆各有益於世，而能兼其長、備其美者」，唯陽明與焦竑耳，並譽竑爲「文章之龍」〔註73〕，足見竑於是時學術界之地位也。

三、小 結

縱橫竑之著作，其治學之領域，實貫穿儒、道、釋三家，而歸於一；論文尚變易，不主故常，視模擬、支離之作爲非，而以「脫棄陳骸，自標靈采」爲美〔註74〕；加以其「所包蓄者，秘且富」，泚筆爲文，自能以「靈明圓瑩」之神馭之。故耿定力稱其「有弄瓦承蜩之巧，而不見其跡」〔註75〕。吳孟暘序其文集亦稱竑之詩「爲古之正始、爲唐之大曆」，其文「爲唐之元和、爲宋之元豐」〔註76〕。諸評論蓋指其文多實錄，而詩特寄興，間有莊、老、瞿曇之風也〔註77〕。時人蔣國榜跋其文集時亦稱：「唯其宗旨稍入禪論者」〔註78〕，今細閱其文集，確是如此。此思想特徵尤見其講學記錄——《崇正堂答問》、《古城答問》及《明德堂答問》等「三問」之中。

要之焦竑之著述亦如其學，「自經史至稗官、雜說，無不淹貫」，故「所爲古文辭，從容條暢，能通諸經之郵，於朝章國故，靡不綜貫」，而融通三教更是其思想核

〔註72〕吳孟暘《澹園集》序云：「弱侯先生之文行於世者，人皆誦習而宗之，而猶不得盡窺其全爲憾。」（《金陵叢書》乙集之八《澹園集》頁477）。金勵《澹園集序》謂「金陵·焦先生著有《澹園集》……宇內業已奉爲拱璧」（《金陵叢書》本乙集之九《澹園續集》頁102）。而顧起元《國朝獻徵錄序》亦謂竑之「文章人人稱頌」且「借觀至於簡渝傳寫，爲之紙貴」。又據黃宗羲〈天一閣藏書記〉記載，崇禎十四年（西元一六四一年）焦竑之後人欲售賣焦竑之藏書，黃宗羲急往訊之，惜索價二千金，無力購得，常引以爲憾。詳見《黃黎州文集》記類，頁401。（轉引自李焯然《焦竑及其玉堂叢語》一文）

〔註73〕參《金陵叢書》本乙集之八《澹園集》序，頁477》。乙集之九《澹園集續序》之二，頁101。

〔註74〕參《中國文論選》中冊，頁352。

〔註75〕見《金陵叢書》本，乙集之八，耿定力《澹園集》序一，頁377。

〔註76〕同註72。

〔註77〕亳州·李文友〈仁卿詩〉謂竑之詩文爲：「文章南國多門下，翰墨西園集上才」蓋實錄也。詩特寄興。見《粵雅堂叢書》本伍崇曜《焦氏筆乘》卷六跋引。

〔註78〕見《金陵叢書》本，乙集之九《澹園集續集》，蔣國旁跋，頁318。

心。以竑之學出於羅汝芳，又善李卓吾，而與管東溟交往亦深；其誌東溟有「以西來之意，密證六經，以東魯之矩，收攝二氏」之語，此論稱東溟學術傾向可也；稱焦竑一己之所學，亦無不可也〔註79〕。據此亦可窺知焦竑思想之旨歸也。

第三節　焦竑之學術思想淵源

一、簡　介

　　焦竑為學多方。《明史》、《明儒學案》並稱其學出於儒學大師耿定向（天臺）、羅汝芳（近溪），與李贄猶有沆瀣之合、歸心佛乘，力事參究。黃宗羲且將竑繫於〈泰州學案〉下，即明其學有所由也。蓋汝芳〔註80〕師事顏鈞（山農），鈞師事徐樾（波石），樾則得王陽明高徒王艮（心齋）之傳，艮即泰州學派之創始人〔註81〕。耿定向之學亦出心齋，而歸宗於王陽明門下〔註82〕。李贄則受業於王畿（龍谿）之徒王襞（東崖），

〔註79〕見《澹園續集》卷十四〈管志道墓銘〉。按：此「西來意」者指「西竺之教義」也；而「以西來之意，密證六經；東魯之矩，收攝二氏」者，其意蓋指以孔、孟儒學思想為本，以收攝吸納佛學、道學等學說，此即焦竑三教合一之思想宗旨也。或以為「西來意」者，乃「西方基督教義」，此誠非的論也。以當時傳教士利瑪竇者，以「三教論」乃妖怪之論故也。

〔註80〕羅汝芳（西元一五一五～一五八八年），號近溪，字惟德。《明史》無傳，僅〈王艮傳〉後略及其學出於顏鈞，鈞詭怪倡狂，其學歸釋氏，故汝芳之學亦近釋（《明史》卷二八三，列傳一七一，儒林二，〈王艮傳〉，頁7276。《明儒學案》將之列於〈泰州學案〉中，對其有較詳而中肯之評價。（《明儒學案》卷三四，〈泰州學案〉三，頁762。

〔註81〕王艮（成化九年六月十六～嘉靖十九年十二月八日；西元一四八三～一五四一年），明代哲學家，泰州學派的的開山鼻祖。初名銀，字汝止，號心齋，泰州安豐場（今江蘇東台）人。其「艮」與「汝止」字，乃陽明取《周易‧艮卦》「道止於至善」義為之更易者。王艮承王陽明「不離日用常行內，直造先天未畫前」之思想，進一步提出「百姓日用即道」之命題，認為，聖人之道，不過要人人能知能行，並非故為高深玄妙，將百姓排斥在外。若此，則非聖人之學，乃是異端也。主張從日常生活中尋求真理：即事是學，即事是道。故將其學說普及至陶匠、樵夫、田夫以及下層社會的任俠之士。認為即使像僮僕之視聽言動，不假安排，不用勉強，亦有至道體現。而饑食渴飲，夏單冬棉，孝順父母，友愛兄弟者，至道亦在其中。世人稱此掀翻天地的論點為「淮南格物說」。身後其學傳於徐樾，樾傳羅汝芳、何心隱，汝芳傳楊起元、周汝登……。故史稱其和門人及再傳門人為泰州學派，晚明學風幾為之籠罩，影響學術界既深且遠，所著後人輯為《王心齋先生遺集》。（參《明史》〈王艮傳〉）（參《中國古代哲學家小傳》、《中國大百科‧智慧藏》）

〔註82〕《四庫全書總目提要》謂其學「出於泰州王艮」（卷九六，子部，儒家類存目二，頁1980，《耿子庸言》二卷提要），「歸宿王守仁門下」（卷一七八，集部，別集類存目五，頁3906，《耿天臺文集》二〇卷提要。

畿之學亦出陽明。而贄平生最傾倒者，首是龍谿，其次是近溪﹝註83﹞。故尋羅汝芳、耿定向與李贄之所授，知焦竑之學與陽明、泰州一派之心學思想深具淵源關係﹝註84﹞。

二、時代學術概述

有明一代，為立新王之權威，學術初以崇拜聖人為始，尤獨尊「朱子學派」，朱子學淪為統治當局之工具，所謂「此一述朱耳，彼一述朱耳」，衍之日久，思想界遂呈僵化之局面，即博學者多流於繁瑣支離、謹守朱經、徒具形式、缺乏創造性之弊；而窮理者亦流於抽象、空泛之弊﹝註85﹞。故學術思變，由陳百沙首開其端，王陽明踵其步，繼陸象山「宇宙便是吾心，吾心即是宇宙」之說（《象山先生全集雜說》），大倡吾心自有聖人之良知心性之學，對當時學術界直有「震霆啟寐，烈耀破迷」之作用﹝註86﹞，為當時僵化之學術界帶來活絡自由之生機。

﹝註83﹞李贄雖師王襞，然則所傾倒者卻是二溪，自稱「無歲不讀二先生之書，不讀二先生之學」（〈羅近溪告文〉）。

﹝註84﹞焦竑思想淵源表：

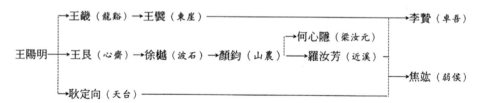

﹝註85﹞以上所論參《李卓吾生平及其思想研究》，頁7。朱熹（1130～1200）南宋哲學家、教育家。其於哲學上發展二程（顥、頤）理氣之學說，集理學之大成，世稱程朱學派。其學認為：理、氣不能相離，「天下未有無理之氣，亦未有無氣之理」。又斷言：「理在先，氣在後」；「有是理便有是氣，但理是本。」強調「天理」「人欲」之對立，主張捨「私欲」而從「天理」。而「為學之道，莫先於窮理；窮理之要，必在於讀書；讀書之法，莫貴於循序而致精；而致精之本，則又在於居敬而持志」（《朱文公文集》卷十四《甲寅行宮便殿奏劄二》）。又提出對自然變化的科學見解，如關於陰陽二氣的宇宙演化說，如從高山上殘留的螺蚌殼論證地質變遷（原為海洋）說等。其學說在明清兩代被確立為儒學正宗，並影響至韓日等國，如日·德川時代，「朱子學」頗為流行。其博覽和慎思精神，對後世學者影響至深（參《中國古代哲學家小傳》、《中國大百科·智慧藏》）。

﹝註86﹞《明儒學案》〈師說·王陽明守仁〉，頁7。王守仁（1472～1528）明代哲學家、教育家。字伯安。餘姚（今屬浙江）人。 曾築室於故鄉陽明洞，世稱陽明先生。早年因反對宦官劉瑾，被貶為貴州龍場（今修文縣治）驛丞。後以平定農民起義和「宸濠之亂」，封新建伯，官至南京兵部尚書。卒諡文成。其發展陸九淵之學說，用以對抗「程朱學派」。斷言「夫萬事萬物之理不外於吾心」，「心明便是天理」；否認心外有理、有事、有物。提出「致良知」之學說，認為倫理道德是人生而具有之「良知」，為學「惟求得其心」，「譬之植焉，心其根也，學也者，其培壅之者也，灌溉之者也，

（一）陽明心學

　　陽明(西元一四七二～一五八二年)良知學說大旨，主要是「致良知」與「知行合一」。其論「良知」者，乃承孟子赤子之心「不學而能」、「不能而知」之良知良能說，主張「萬事萬物之理不外於吾心」，「心明便是天理」。認爲良知「聖愚同具」，人人具足，「即是未發之中」、「即是中節之和」，故「自能發散」，「即心即理」、「即理即心」，無須「假借湊泊」〔註87〕，所謂：

　　　　　夫理不外吾心，外吾心而求理，無物理矣。……心之體，性也；性即

　　理也。……〔註88〕

故欲求理者惟求之吾心即可，「譬之植焉，心其根也，學也者，其培壅之者也，灌溉之者也，扶植而刪鋤之者也，無非有事於根焉而已」(《王文成公全書》卷七《紫陽書院集序》)。即便是「是非」之判，亦以吾心爲標準，不必求諸聖人而後可。其於〈答羅整菴少宰書〉中亦強調此「反求內心」之修養功夫：

　　　　　夫學貴得之心，求之心而非也，雖其言之出於孔子，不敢以爲是也，……

　　求之於心而是也，雖其言之出於庸常，不敢以爲非也，……〔註89〕

陽明這種「是非不必案諸聖人」之思想，雖說是據陸象山「天下無心外之事，無心外之理」之觀點而來。毋寧說是和禪宗慧能「菩提只向心覓，何勞心外求玄」之旨趣相同(《六祖壇經箋註》〈疑品問〉第三，頁四三)。蓋陽明本身頗受禪宗之影響。其於〈答陸原靜書〉即云：

　　　　　……不思善，不思惡，時認本來面目，此佛氏所謂爲未識本來面目者，

　　設此方便。本來面目，即吾聖門所謂「良知」。今既認得「良知」明白，

　　即已不消如此說矣。隨物而格是致知之功，即佛氏之常惺惺，亦是常存他

　　本來面目。〔註90〕

扶植而刪鋤之者也，無非有事於根焉而已」(《王文成公全書》卷七《紫陽書院集序》)。主張以「反求內心」之修養方法，達到「萬物一體」之境界。又提倡「知行合一」、「知行並進」說，反對宋儒如程頤等「知先行後」以及各種割裂知行關係之說法。論兒童教育，反對「鞭撻繩縛，若待拘囚」，主張「必使其趨向鼓舞，中心喜悅」，以達「自然日長日化」(同上，卷二《語錄》)。其學說之「反傳統」姿態，對明中期以後思想界影響至大。陽明學還流行至日本等國。其著作由門人輯爲《王文成公全書》三十八卷，在哲學上影響最重要的是《傳習錄》和《大學問》(參《中國古代哲學家小傳》、《中國大百科‧智慧藏》)

〔註87〕參《明儒學案》卷十，〈姚江學案〉，王陽明本傳，頁181～182。
〔註88〕轉引自勞思光《中國哲學史》，頁437，王陽明〈〈答顧東橋〉〉語。
〔註89〕轉引自甲凱《宋明心學評述》，頁69。
〔註90〕引自同註85書，頁14。

可見其「良知心學」有採擷於禪宗思想者。此帶有自由及禪學色彩之思想，正是王門後學繼以發揮之所在。

雖然陽明認為良知是「人人之所同具」，然或有「不能不昏蔽於物欲」者，故主張為學，首「須學以去其昏蔽」〔註91〕，故有所謂「格物以致良知」說。據陽明「學貴得心」及「向外尋理，終是無源之水，無根之木」〔註92〕之論，探尋陽明「格物」之義，當是「格心」之謂。「格物」雖以心為本，然所格者，並非「心之性體」，而是「心之發用」。見其〈大學問〉中曰：

> 然心之本體則性也。性無不善，則心之本體，本無不正也，何從而用其正之功乎？……其自意念發動而後有不正；故欲正其心者，必就其意念之所發而正之。〔註93〕

在此陽明以「心性」為一無不善之本體，必要「意」之所發，才有善惡之分。據此知其所謂「格物」者，乃就「格心之發用」，以求致復其「本然之性」而言也，亦即所謂「聖賢教人知行，正是要復那本體，不是著你只恁地便罷」之復性說〔註94〕。此外陽明同時由此「格物致知」之命題，引出「知行合一」與「知行並進」說，用以駁斥宋儒「知先行後」之說法。陽明認為「知之真切篤行處，即是行；行之明覺處，即是知」（〈答顧東橋書〉）唯有「即知即行」、「即心即物」、「知行合一」，才是真知。不但要落實於事上磨鍊，更要「著實躬行」，否則「行全不解思惟省察，也只是冥行妄作」；「知全不肯著實躬行，也只是揣摩影響」而已（〈徐愛記〉）〔註95〕。由此可見陽明所倡之「良知說」，具有實行之真切性，而非單以虛靈之體掛搭耳。

由於陽明「良知」說是以「心」作為主體，又以「復心之本體」為宗，且其嘗援佛之「本來面目」與「佛之常惺惺」以講良知，故其論及儒、道、釋之學時，即有「禪之學與聖人之學，皆求盡其心」〔註96〕，與「二氏之用，皆我之用，即吾盡性至命中完養此身謂之仙，即吾盡性至命中不染世累謂之佛」（《王文成公全書》卷四三，〈年譜〉一）之觀點，以為三教就復性之理論層面上而言，則無差異。其更舉「三間一廳」以譬說：

> 廳堂三間共為一廳，儒者不知皆吾所用，見佛氏則割左邊一間與之；見老氏則割右邊一間與之；而己則自處中間，皆舉一而廢百也。聖人與天

〔註91〕見同註88書，頁420。
〔註92〕見《見儒佛學案》卷十，〈姚江學案〉，王陽明本傳。
〔註93〕引見註88，頁425。
〔註94〕引見同註88書，頁434。
〔註95〕參引自甲凱《宋明心學評述》，頁69。
〔註96〕引見同註88書，頁449。

地民物同體，儒、佛、老、莊皆吾之用，是之謂大道。〔註97〕
陽明在此認爲聖學之全，本就涵蓋佛家的空與道家的虛，只是後儒失之精微，故與二氏分立三間一廳耳。可見陽明之心學，涵融於三教之中。然陽明學說除揭示「心體」外，並不廢「即知即行」，重實學事功之工夫。然後學者卻忽略了這一段實學功夫，而專拈於其內省部分，故而有泰州狂禪放曠之流弊。

（二）泰州狂禪

陽明而後傳其學者分派立說，各有所重，亦各有所偏「或以知解自多而實際未詣，或以放曠自恣而檢柙不修，或以良知爲未盡而言寂言修」，然率「畫蛇添足」、「浸失其眞」（《焦氏澹園集》卷十四〈刻傳習錄序〉）。若就立論歸之，直可分爲現成（左派）、修證（正統派）及歸寂（右派）三派〔註98〕。其中王畿、王艮所倡之「現成派」，應世風而達隆盛之極，風靡明末之世。其說主「良知現成」、「當下即是」，「不犯作手爲妙」，而以頓悟爲宗。而艮則於「現成說」外，別立「淮南格物」及「學樂」之說，雖主入禪機，大抵仍不失陽明之旨，且「龍谿之後，力量無過於龍谿者，又得江右爲之救正，故不至十分決裂」。然泰州王艮之後，其人多「以赤手搏龍蛇」，專揭心體，亦以「不犯作手爲妙」，直指本體即工夫，卻忽略了陽明一段「致」之工夫。迨傳至顏鈞、何心隱、李卓吾一派，則更以任性情之自然，視聞見、格式、道理爲障道，而完全排斥之，從而批判封建禮教，特別是禁欲主義和偶像崇拜，反對「以孔子之是非爲是非」，「遂復非名教之所能羈絡」〔註99〕。其末流更是束書不觀，侈言心性，陽明學說至此則不免步入狂禪之徑。

其時泰州學派內部針對泰州後學之流弊提出救正者，有耿定向、羅近溪，與焦竑等人。

1、耿定向之心學

耿定向承王艮之學，倡即心即道，即事即心，亦不尚玄遠。見李贄鼓動狂禪，而學者靡然從風，則每每以實地爲主，苦口匡救。然卻又拖泥帶水，於佛學半信半

〔註97〕轉引自陳志明〈明中葉學者的儒釋之辨——以王陽明、羅欽舜爲例〉一文。
〔註98〕王守仁的學術思想，後之傳者，分法互異。或以地域別爲南中、楚中、北方、粵閩、浙中、江右、泰州等七派；或有依學術傾向而分爲現成、歸寂、修證等三派；或按與朱子學之關係或進程與否，析爲左派、右派。日‧岡田武彥〈明代的文化思想論綱〉一文，將王門後學依立論別爲現成、修正及歸寂三派，本文因之。陽明學派傳至末期走向反理學進而反儒教之道路，甚至融三教合一之「狂禪」傾向。此思想之脈絡，王艮、羅汝芳揚其先，李贄、焦竑塵其後，尤以李贄色彩最爲鮮明突出，其所受批評亦最深。
〔註99〕參黃宗羲《明儒學案》卷三二，〈泰州學案〉一，頁703。

疑,其認良知,亦尚未清楚,終無以壓服卓吾〔註100〕。

2、羅汝芳博學反約說

羅汝芳雖從顏鈞學,思想亦近於「祖師禪」。其於「釋典玄宗無不探討,緇流羽客延納弗拒」,然其「取長棄短,確有定裁」,且其平居則戒子弟、諸孫勿觀禪書,以「禪家之說,最令人躲閃,一入其中,如落陷井,更能轉頭出來,復歸聖學者,百無一二」〔註101〕,故對於鈞等放曠行徑所造成之流弊,則亦思及救正之。其除承王畿渾淪自適,不屑湊泊之「赤子之心」說外,又繼王艮「當下即是」、「百姓日用即是道」,以及「博學而詳說之,將以反約」之論點(《王心齋先生遺集》卷二〈與錢緒山書〉),並以「童子捧茶」之日常生活為例以指點仁體,將「心」與「智」結合為一〔註102〕,同時提倡「博學返約」之論點,用以匡陽明末學之說弊,其曰:

> 孔、孟立教,其初便當信好古先;信好古先,即當敏求言行,……學而博之。學也者,心解而躬親,……固不徒口說之騰,聞見分資已也;博也者,考古而證今,雖確守一代之典章,尤偏質百王之建置,耳目因洞濁而不遺,心思亦體察而無外也。此之謂「博學於文」。……博也者,將以求其約也。約而者,惟以崇其禮而已矣。(《盱壇直詮》卷上)〔註103〕

汝芳在此婆說,冀以「心智合一」、「博學返約」以救正鈞等單提掇心體而忽略修持之弊。可惜未能奏功,泰州末流更益肆狂。

三、焦竑之學術思想淵源

(一)融合王陽明與李贄之心學

而後焦竑承師羅汝芳之余緒,歸宗陽明、王艮「現成良知」說,亦主人人皆可成聖,且視卓吾為聖人。其於《莊子翼・逍遙遊》引陳詳道註曰:

> ……而人則無智、愚、賢、不肖,皆可以階大道。

同時發揮陽明「學貴得之心」之理,提出「取成於心」之說〔註104〕以為「物無非道,則道外無物」,反求吾心即可(《莊子翼・逍遙遊》呂註),此即所謂「吾之初心是已,嬰兒之始生也,不以目求乳,不以耳向明,不以手任行,不以足探物,此豈待

〔註100〕參同前註書,卷三五〈泰州學案〉四,頁815。
〔註101〕見羅汝芳《盱壇直詮》卷下,頁371。
〔註102〕參同前註書,卷三四〈泰州學案〉三,頁760。參《唐君毅全集》,卷十七,〈中國哲學原教篇〉,頁441。
〔註103〕參引見余英時《內在超越之路》,頁550～551。
〔註104〕《金陵叢書》乙集之八,《澹園集》卷二十,〈羅、陽二先生祠堂記〉,頁623。

外索哉？……道自足也」〔註105〕。只是陽明之心學，取成於心，以爲道自在人心；而焦竑此處所謂「取成於心」之「心」則和李贄是非不案之孔子，而取成於「大圓鏡智」之說法相同。觀贄於《續焚書・與馬歷山》中謂：「蓋人人各具有大圓鏡智，所謂我之明德是也」〔註106〕，而焦竑於《崇正堂答問》引述趙大州之言，亦認爲所謂「不離日用常行」之良知，「皆在此大圓鏡智中」〔註107〕，故焦竑之論，雖出於陽明，然卻較陽明更增添一股禪味。

　　於焦竑之理解，「大圓鏡智」即是一個無善、無惡、「超善惡」之渾然性體〔註108〕。然由於「人身馳騖功利，喪失其良心」，才生出善惡來。所謂「情生於性，而害性者情也〔註109〕。」此觀點亦表現在《莊子翼》中。〈逍遙篇・筆乘〉曰：

　　　　人性本一，用之巧，則消遙矣！用之拙，則拘繫矣！孔子所言「性相
　　近，習相遠」即此意也。

「性」既流於「情」，是故「復性」即成爲爲學之首要：「學求復性而已。顏子之學復性之學也。」〔註110〕但尋此思想之源，亦是由陽明「四句教」：「無善無惡心之體，有善有惡意之動，知善知惡是良知，爲善去惡是格物」所轉出者，不過用之巧拙之觀點，則和耿定向有承繼關係；蓋耿定向以爲良知現成，無人不具，但用之於此則此，用之於彼則彼。（《明儒學案》〈耿定向傳〉）只是定向之言乃就人之情識而言，而焦竑則直探心性本體而發，二人著眼點有所不同耳。

　　其次焦竑繼陽明「三間一廳」以譬三教之說、王畿〈三教堂記〉以「良知範圍三教之樞」（《王龍谿全集》卷七）及李卓吾〈三教品序〉以「三教聖人，頂天立地，不容異同」之見後〔註111〕，亦主佛學即聖學……故有「釋氏諸經即孔門之義疏」之謂〔註112〕；亦認爲佛學即道學，以破夷狄之辨。其《莊子翼・德充符》引《副墨注》即表達此一觀點：

　　　　……此出離生死學問，莊生等閒於此發出，當時西竺之經未至，而佛
　　法已在中國，孰謂佛者夷狄之一法哉？

同時亦認爲老莊同孔孟殊無二致，「老莊庶幾乎助孔孟之所不及」。（〈莊子翼序〉）大

〔註105〕參同前揭書，卷一四，〈宗儒語略序〉，頁563。
〔註106〕引見容肇祖《明代思想史》，頁249。
〔註107〕參同註104書，卷四七，〈崇正堂答問〉，頁88。
〔註108〕參同註104書，卷二八，頁707。
〔註109〕同註104書，卷四八，〈古城答問〉，頁89。
〔註110〕《金陵叢書》乙集之九，《澹園續集》卷四，〈國朝理學名公祠記〉，頁151。
〔註111〕轉引自容肇祖《明代思想史》，頁254。
〔註112〕《金陵叢書》乙集之八，《焦氏續筆乘》卷二。

抵焦竑認為聖人之教雖有不同，然於修道復性而言，則無差別﹝註113﹞。焦竑此極力融合儒、道、佛三教之觀點，除有所承外，於時代之學術風氣亦有所薰染，尤其泰州學派本身多有持此論者。若管東溟平生所銳意之者，即在囊括三教，鎔鑄九流﹝註114﹞。竑與東溟同師耿定向，然二人倡三教觀則與耿定向持論迥異，蓋耿定向嘗自稱「未嘗為佛學，未多研佛乘」﹝註115﹞。故「拳拳以人惑於異學（佛學）為憂」，亦曾借二程斥佛之說，以責焦竑之溺佛。焦竑予耿定向書中則每表達不同之立場，見其〈又答耿師〉曰：

> 某竊謂非惑於異學之憂，無真為性命之志之憂也。﹝註116﹞

〈答耿書〉又致此意：

> 學者誠至於道，竊以為儒、釋、道之短長，可置勿論，而第反諸我之性。苟得其性，謂之梵學可也，謂之孔、孟之學可也；即謂非梵學，非孔、孟之學，而自為一家之學亦可。

焦竑之辯解，主在堅持其儒佛合一之思想。耿定向之「苦口婆心」，終無法說服焦竑。耿定向嘗謂竑「難相處，總說不聽」﹝註117﹞，意即指此也。但就學術胸襟而論，焦竑則較其師耿定向更為博大含融。

（二）承緒羅汝芳博學反約之實學

此外焦竑亦不滿泰州末流「敢為高論，而或疏於彝倫；喜為空談，而不求諸實踐」﹝註118﹞、以致「裂其外」之弊病，故而提出「混外中」之說﹝註119﹞，強調於重內省自得之同時，當不廢博學約禮、外修之實踐，冀以修正「現成說」過於簡易之流弊。其於《古城答問‧答黃莘陽少參》言：「子貢多聞多見一派學問非聖學」，則明顯強調此一主張：

> 多聞從其善者而從之，多見而識之，是孔子所自言，豈非聖學？孔子之博學於文，正以為約禮之地。蓋禮至約，非博無以通之。故曰：「博學而詳說之，將以反說約也。」﹝註120﹞

於《崇正堂答問》中再度重申此一理念：

﹝註113﹞同註110書，卷十四，〈廣東按察司僉事東溟管公墓誌銘〉，頁257。
﹝註114﹞見《耿天臺先生文集》卷八，頁876。書中不外宗孔、孟而斥佛道之論。
﹝註115﹞同前註書〈又答耿師〉，頁540。
﹝註116﹞同前註，頁541。
﹝註117﹞《明儒學案》卷三五，〈泰州學案〉四，焦竑本傳。
﹝註118﹞《金陵叢書》乙集之九，《澹園續集》卷二，〈神交館集序〉，頁134。
﹝註119﹞《金陵叢書》乙集之九，《澹園續集》卷二八，〈榮府紀善圖泉朱公墓志銘〉，頁102。
﹝註120﹞同前揭書卷四八，古城答問，頁92。

　　　　先儒言纔學便有著力處，既學便有多力處，不是說了便休。如學書者
　　　必執筆臨池、伸紙行墨，然後爲學書；學匠者，必操斧運斤中鉤應繩，然
　　　後爲學匠。

　　焦竑認爲「如何學道只是口說」，是爲「不濟事」之舉，「要須實踐」之功夫〔註
121〕。此中焦竑所謂「先儒」，即指陽明而言〔註122〕。由是證明其實踐說除承其師
汝芳外，亦有淵源於陽明者。焦竑不但口說「混外中」，同時亦落實至其個人之修爲，
見其治學之勤、著述之豐，足以爲證也。僅就《莊子翼》是之書而言，其不但融合
儒、釋、道之思想於其中，亦且不廢訓詁考據之引述，尤其是及儒家六經。其於〈寓
言〉篇引劉概注有：「終身言，未嘗言；終身不言，未嘗不言，則六經不爲支離，《老
子》不爲簡約矣」云云，不但有欲合孔、老而爲一之思想，更舉《六經》以爲救弊
之理念依據。於此，知焦竑之學，亦一實學也。

四、小　結

　　大抵而言，焦竑之學術思想，非但主內省亦重外修，其對「三教合一」之提倡
亦不遺餘力，論其學術淵源，則歸本於陽明、王艮，而得力於羅汝芳者多，耿定向
者少，並旁及李贄與時代思潮之影響，可謂是兼各家之長之博學者，其對於明末清
初之實學思潮，亦有直接間接之影響。據此《四庫全書總目提要》直以「禪學」譏
之，則誠非的論也。

〔註121〕同前揭書，卷四七，〈崇正堂答問〉，頁82
〔註122〕王陽明〈答顧東橋書〉曰：「如言學孝，則必服勞奉養，躬行孝道，然後謂之學，豈
　　　　徒懸空口耳講說，而遂可以謂之學孝乎？學射則必張弓挾矢，引滿中的；學書則必
　　　　伸紙執筆，操觚染翰。盡天下之學，無有不行而可以言學者。」(《傳習錄》)焦竑
　　　　所引「先儒」之論和王陽明之內容相同，故定「先聖」即陽明也。

第三章　焦竑對於《莊子》一書之看法及《莊子翼・筆乘》立名之深義

第一節　焦竑對於《莊子》篇章立名之看法

一、焦竑對《莊子》篇章真偽之辨

（一）歷代對《莊子》篇章真偽之辨

　　今本《莊子》凡三十三篇，計分爲：內篇七、外篇十五、雜篇十一等三部分，乃現存《莊子》最早、亦是唯一之版本，此亦即晉・郭象所刪定之注本，但已失卻《莊子》之原貌。

　　根據《史記・老莊申韓列傳》之記載，僅言莊子「著書十餘萬言，大抵率寓言」，同時指出莊子作〈漁父〉、〈盜跖〉、〈胠篋〉三篇，主在「詆訾孔子之徒，以明老子之術。」而「〈畏累虛〉、〈亢桑已子〉之屬，皆空語無事實〔註1〕。」並未言及《莊子》篇章之數與內外雜篇之分，然其所見《莊子》本之篇名已立，則是不容置疑之事實。

　　而首言及《莊子》之篇數者，當爲劉向《別錄》及劉歆《七略》者，惜二書皆已亡佚，無從得知。今僅見載於東漢班固《漢書藝文志・諸子略》中列道家「《莊子》五十二篇」，其高誘《呂氏春秋》卷十四〈必己篇〉註「莊子行於山中」句時，亦稱「莊子名周，宋之蒙人也，輕天下，細萬物，其術尚虛無。著書五十二篇，名之曰

〔註 1〕見《金陵叢書》本《莊子翼》附錄，《史記・老莊韓列傳》，頁 524。

《莊子》。」〔註2〕，二書皆言《莊子》共有五十二篇，然並未言及《莊子》內外雜篇數之劃分。迨及唐·陸德明於《經典釋文·序錄》中方宣稱此「五十二篇」，乃是晉·司馬彪、孟氏據以注《莊》之版本。並於《釋文敘錄》中詳述各家註解篇章數目及內外雜篇之分。如晉·司馬氏所注《莊子》本凡二一卷，五二篇：分內篇七，外篇二十八，雜篇十四，〈解說〉三卷。可見《莊子》五十二篇，乃自漢以來之通行本，較諸今本則多出十九篇，且今本無〈解說〉三篇。而後晉崔譔、向秀則據此「五十二篇古本」刪修成二十七篇。所異者崔本將此二十七篇，分為內篇七、外篇二〇，合為十卷；而向本者則分二〇卷，內七、外二十〈為音〉三卷等。所同者，二者所分皆無「雜篇」之目。下迄晉郭象「見秀義不傳於世」(《世說新語文學篇》)，「又述而廣之」(《晉書向秀傳》)；且立於司馬彪「五十二篇」古本之基礎上，將《莊子》再度增刪為今日吾人所見之三十三篇版本〔另有〈為音〉三卷〕。根據上述《經典釋文》所稱引各家《莊子》注本之概況，知在郭象之前，《莊子》已有內外雜篇之劃分；大抵內七篇諸本皆同，唯外雜篇則因版本不同而有所差異；且各家所分篇數次第復不同耳〔註3〕。

然形成《莊子》篇數之所以有多寡及內外雜篇之紛異者，據唐·陸德明於《經典釋文·序錄》中指出：其因乃出於「莊生辭趣華深，正言若反，故莫能暢其弘致；後人增足，漸失其真」所致，尤其古本五十二篇之內容，更是「言多詭誕，或似《山海經》、或類《占夢書》」，故「注者以意去取」，而有「其內篇眾並同」，「自餘或有內外而無雜」之現象；而郭象亦嘗自稱：「一曲之才，妄竄奇說，若〈閼奕〉、〈意脩〉之首，〈危言〉、〈遊鳧〉、〈子胥〉之篇，凡諸巧雜，十分有三。」言下之意，今本《莊子》三十三篇者，即是郭象個人立於古本《莊子》五十二篇上，以其一己「意之巧雜」為去取之依繩，刪裁其「十分之三」而成之結果〔註4〕。而所謂「後人增足，

〔註2〕「高誘注」轉引自黃師錦鋐《莊子及其文學》，頁219。司馬彪字紹統，河內溫縣(今河南溫縣西)人。曾任祕書丞、散騎侍郎等職，乃高陽王睦之長子。……少篤學不倦，然好色薄行，為睦所責，故不得為嗣，……。彪由此折節改志，不交人事，而專精學習，故得博覽群籍，終其綴集之務。……注《莊子》21卷……。(參《晉書·列傳第五十二·司馬彪》。至於孟氏，陸德明世已「不詳何人」。

〔註3〕案日·武內義雄《莊子考》曰：郭向注曾將向秀置於外篇的〈庚桑楚〉、〈徐無鬼〉、〈則陽〉、〈外物〉、〈寓言〉、〈盜跖〉、〈列禦寇〉、〈天下〉等八篇編入雜篇，更有移內篇作外篇者。知今本《莊子》次第乃郭象所定。參葉國慶《莊子研究》，頁11。

〔註4〕以上所論乃參考葉國慶《莊子研究》、郭慶藩《莊子集釋》所引陸德明《釋文敘錄》及黃師錦鋐新譯《莊子讀本·莊子書的考證》而來。今日本高山寺卷子本有郭象的後序，陳述其本是經刪節及合併篇章而成的，故比《漢書藝文志》所著錄者，少了十九篇。見黃師錦鋐《新譯莊子讀本》註解三，頁49。

漸失其眞」、「一曲之才，妄竄奇說」及「內篇眾家並同，自餘或有內、外而無雜」之說法，正透出魏、晉研《莊》者，大抵信內七篇爲莊子所作，而外、雜篇者，則疑其兼有後人屬入之嫌。可見疑《莊》之風，魏、晉已啓端倪。

　　至於首就郭象定本之內、外、雜篇提出質疑者，世多推宋之蘇軾，蓋蘇軾認爲《盜蹠》、《漁父》、《讓王》、《說劍》四篇非莊子所作。然今人則有不同之看法：若張默生認爲當首軔於唐之韓愈，而馬敘倫則以爲當肇始於郭象本身。蓋馬氏認爲郭象「自〈讓王〉、〈盜蹠〉、〈漁父〉三篇，撮括大旨，餘篇皆詳爲之注，獨〈說劍〉不置一辭。」，故「今所存三十三篇中，自〈說劍〉而餘，固郭象之所不疑也。」在此馬敘倫就郭注進行分析，得郭象獨〈說劍〉不注之字，顯然已疑其非眞〔註 5〕。不過馬氏此論僅就郭象注《莊》之跡象而辨耳。及至唐‧韓愈方對〈盜蹠〉、〈說劍〉及〈漁父〉三篇提出疑辨。韓愈從思想文風上對《莊子》作品進行辨僞：認爲〈盜蹠〉篇「譏侮列聖，戲劇夫子，蓋效顰莊、老而失之者」；〈說劍〉篇者則「類戲國策士之雄譚，意趣薄而理道疏」，而〈漁父〉篇者則爲「論亦醇正，但筆力差弱於《莊子》」，故斷定以上三篇當非出於莊子，且自許一己乃「熟讀《莊子》」之「識者」，以強調自己所辨者非假也〔註 6〕。及至宋‧蘇軾於〈莊子祠堂記〉中，則從「莊子蓋助孔子者」、及「莊子之言皆實予而文不予，陽擠而陰助之」之翻案論點出發，明確指出：「三十三篇之中〈盜蹠〉、〈漁父〉爲眞詆孔子；〈讓王〉、〈說劍〉皆淺陋不入於道」，而斷此四篇爲僞作。進而批評《史記》論「莊子作「〈漁父〉、〈盜蹠〉、〈胠篋〉」者，主在「詆訾孔子之徒」之論點，是爲「知莊子之粗者」，此辨廣爲後人所承繼推崇。若羅勉道者，即立於蘇軾所刪除之四篇外，更謂〈刻意〉、〈繕性〉亦膚淺，斷言非莊子之作。

（二）焦竑對《莊子》篇章眞僞之辨

　　對此「疑莊」之辨，焦竑亦踵唐、宋疑古之風，一面稱郭象之刪《莊》，乃「誠雋識者」，另一面又對郭本持質疑之態度。其於〈莊子翼敘〉中便斷語曰：

　　　　舊傳（《莊子》）五三篇〔註7〕，今存三三篇。外、雜篇兼有疑其僞者，

　　乃內篇斷斷非蒙莊不能作也〔註8〕。

同時繼蘇、羅二氏之疑辨，尤其對蘇子以「莊子蓋助孔子者」之觀點，表達其認同之立場，曰：

〔註 5〕參謝祥皓《莊子導讀》，頁 36～37。
〔註 6〕見張默生〈先秦道家學說研究〉一文。轉引自謝祥皓《莊子導讀》，頁 37。
〔註 7〕案《莊子》舊傳當爲五二篇，此乃焦氏誤筆耳。
〔註 8〕見《金陵叢書》本〈莊子翼敘〉，頁 236。

　　史遷言莊子詆孔子，世儒率隨群而和之。獨蘇子瞻謂其實予而文不予，尊孔子者無如莊子，噫！子瞻之論，蓋得其髓矣。……子瞻辨莊子能尊孔子，獨疑〈盜跖〉、〈漁父〉則若真詆孔子者。至於〈讓王〉、〈說劍〉皆淺陋不入於道。反覆觀之，得其〈寓言〉之終曰：「陽子居……爭席」，去其〈讓王〉、〈說劍〉、〈漁父〉、〈盜跖〉四篇，以合於〈列御寇〉之篇……今以〈寓言〉、〈列御寇〉合而讀之，真可謂渙然冰釋也。今案，〈列子〉第二篇，首載〈列御寇〉饋漿事，而即綴以楊朱爭席，正與子瞻說合。

又曰：

　　羅勉道者又疑〈刻意〉、〈繕性〉亦復膚淺，定為二六篇。大抵語意之精粗居然別矣。

在此焦竑正面肯定蘇、羅二氏以「語意之精粗」、「文詞格制之不同」之方法來鑑別《莊子》之真偽。蓋竑以為「《莊》書之奇，自非後世所能亂，其文詞格制之不同，可望而知也」〔註9〕。

　　剔除蘇軾、羅勉道所刪六篇偽作外，焦竑復於《焦氏筆乘》中重申：「內篇斷非莊生不能作，外篇、雜篇則後人竄入者多」之觀點，並進而提出其所質疑者，而藉以斷〈胠篋〉等篇乃為「秦末漢初之言」，焦竑曰：

　　之噲讓國在孟子時，而《莊》文曰：「昔者陳恒弒其君，孔子請討。」莊子身當其時，而〈胠篋〉曰：「陳成子弒其君，子孫享國十二世」，即此推之，則秦末漢初之言也，豈其年踰四百歲乎？曾史、盜跖與孔子同時，楊、墨在孔後孟前，《莊子》內篇三卷未嘗一及五人，則外篇、雜篇多出後人可知。又「封侯」、「宰相」等語，秦以前無之，且避漢文帝諱，改田恒為田常，其為假託尤明。〔註10〕

上論焦竑根據歷史具體發生之事實先後，用以判定〈胠篋〉、〈盜跖〉當出自後人之偽作無疑。此證明法雖較為可靠，然亦有疏略之處。

　　蓋陳（田）成子至齊亡，確為十二世，而田齊亡於秦王政二十七年（即紀元前二二○年），下距秦亡僅十年，時莊子亡已久矣〔註11〕，焉能起地下而為〈胠篋〉哉？故以此定〈胠篋〉為偽託之作，似乎言之有據；然有關「封侯」、「宰相」之論者，

〔註 9〕參同八註，〈讀莊七則〉，頁240～241。

〔註10〕《焦氏筆乘》卷二，〈外篇、雜篇多假託〉條，頁310。

〔註11〕莊子之生卒年，根據黃師錦鋐《莊子及其文學》一書中所列異說表中，其上限之年為西元前三九八年，其下限為西元前二七○年，設莊子之卒年為西元前二七○年，下距秦王政二十七年（西元二二○年）亦有五○年，則〈胠篋〉非其作品明矣。

據《韓非子‧顯學篇》則有：「故明主之吏，宰相必起於州部，猛將必起於卒伍」之言〔註12〕，及《禮記‧王制篇》亦有：「王者之制錄爵，公、侯、伯、子、男凡五等。」之記載〔註13〕，得知「封侯」、「宰相」之稱者，豈必秦後才有？故若據之以斷〈胠篋〉非莊子所作，此論點則難以立論；其次焦竑以內篇未及「曾史、盜蹠、楊、墨、孟」五人為據，藉以斷言「外篇、雜篇多出後人可知」，此推論固嫌武斷，蓋《莊子齊物論》明有：「道隱於小成，言隱於榮華。故有儒墨之是非，以是其所非而非其所是」之記載。再者《莊子》一書中，曰「恒」者，凡八見〔註14〕，其中〈盜蹠〉篇則有二見，分別是「皆愚陋恒民之謂耳」與「而恒民畜我也」；若就焦竑之意，〈胠篋〉既是出於漢人之偽作，必然要避漢文帝劉恒之名諱，何以此處皆不據諱名改「恒」為「常」者？是故焦竑以「封侯」、「宰相」及「諱名」，用以判辨〈盜蹠〉、〈胠篋〉為偽作，其辨實嫌牽強，且不足以服人。

其後明人陳治安對於焦論亦表不以為然，並針對其論一一提出辯駁曰：

……夫自敬仲奔齊，改陳氏為田氏。至田成子弒君，太公和列為諸侯，和之孫威王強齊於天下十二世矣。齊宣王為威王之子，正與莊、孟同時，稱十二世者，宣王所見過者言之，何必四百歲？若計田成子至王建入秦，止於十世，無十二世也。

……夫五人亦莊子於何所忌諱而不言？內篇〈齊物論〉曰：「故有儒墨之是非」，亦何嘗不言及墨翟？〈齊物論〉乃弱侯信為「非莊子不能作者，亦可其出自後人者耶？」

又〈田仲敬（完）世家〉記：「騶忌見威王三日而授印。淳於曰：『是人必封不久矣。』居期年而封成侯」。〈傳〉曰：武得靖於家宰。公孫醜曰：夫子加齊之相。封侯、宰相豈必至秦始有？而謂莊生不必有是語。其謂避漢文諱而改田恒為田常「為他人假託尤明」，則又甚謬。凡書出漢人後者，弗論《荀子》，戰國書也，其篇中有曰：「田常為亂」。《呂覽》，先秦書也，〈知度篇〉曰：「陳成常與宰予」。《韓非（子）》亦先秦書也，〈內諸說〉曰：「田常闞止」。皆稱「常」，不稱「恒」，豈可謂三書皆為他假託？或則劉向編錄子書時，避漢諱而改「恒」為「常」，則《莊子》亦安得因其改

〔註12〕《韓非子‧顯學篇》，參《辭源》頁452，本證巧與劉孝敢《莊子哲學及其演變》頁57，引《韓非子》以證林希逸「宰相」說之論據為虛而不實之說，不謀而合。

〔註13〕《禮記‧王制篇》，參《辭源》。

〔註14〕《莊子》一書曰「恒」者凡八：見〈大宗師〉：「是恒物之大情也」，〈天地篇〉：「而未始有恒」，〈天道篇〉：「吾服也恒服」，〈庚桑楚〉：「乃今有恒」、「有恒者」，〈則陽篇〉：「憂乎知而所行恒無時」，〈盜蹠篇〉：「皆愚陋恒民之謂耳」、「而恒民畜我也」。

宇，而斷其爲假託者也。且詳《莊子》文句，「常」字實非名也。曰：「田成子常弒其君，竊國，而孔子受弊。」言田成子嘗有此惡耳。（《莊》書字皆通用）稱陳成常者，去子成文，稱田成子則不容綴名於子下，如稱孔子，何必曰：「孔仲尼丘」。莊子於〈胠篋〉中嘗再言「田成子」皆曰「田成子」而已，無綴名者也。〔註15〕

源陳氏之本意，主在論證外、雜篇皆出莊子，並非有焦竑所謂後人竄入者之跡，直指焦竑之說「乃皆信前人而誤者」。姑且弗論陳氏之辨然否，然其言焦竑之「信前人者」，確是不容諱言之事實。蓋焦竑以「今謂宰相曰」一語證〈盜跖〉爲後人私撰者，宋・林希逸早已言及〔註16〕，又以「內篇未曾一及墨子等五人」及「田成子十二世有齊國」之論據以辨〈胠篋〉、〈盜跖〉之非出莊子之手者，亦非肇始於焦竑，明・朱得之早有詳悉之論述〔註17〕。可見陳治安譏焦竑之「信前人」者，並非信口雌黃，而其辨亦足資證焦竑之引證，確有其失誤之處。然者，若據此因而完全抹殺焦竑之說，則有待商榷。蓋根據當前學術界之研究，率都認爲《莊子》一書並非全出於莊子一人之手，且推證〈讓王〉等七篇的確是秦漢間之僞作〔註18〕。由此亦可推證陳治安之論斷於立破而言，是有破而無立者，同時亦可還焦竑一個公論。

然值得一提者，焦竑雖肯定〈讓王〉等七篇爲僞作，但其於採擇各家之注文時，卻又出現不同之看法，如：

於〈讓王〉篇引《管見》曰：

（此章）全見《呂氏春秋》。可證不韋去莊子未遠，必得其眞。

於〈說劍〉篇則引劉槩云：

莊子論道，是篇及於辭人說客之言者，蓋寓至理於微眇，必假言而後獲也。

於〈胠篋〉篇亦引《口義》：

〔註15〕陳治安駁焦竑之論見其《南華眞經本義附錄》卷八，〈品評〉皇朝，頁210。

〔註16〕林希逸之說，見其《莊子口義》〈漁父篇〉注文云：「據〈盜跖篇〉『今謂宰相曰』，戰國之時未有宰相者，此爲後人私撰甚明」。

〔註17〕見（明）朱得之《莊子通義・讀莊評》頁7～9。是書成於明嘉靖庚申（西元一五六〇年），而《莊子翼》則晚於萬曆十六年戊子（西元一五八八年）才完成。時距二八年之久，足證竑之見解，乃承朱得之而來，且文字的表達如出一轍。

〔註18〕葉國慶亦認爲〈讓王〉等七篇爲僞作。以「四篇（指〈讓王〉、〈盜跖〉、〈說劍〉、〈漁父〉）相從次於雜篇之中，而篇名與雜篇不類」，又都以敘述故事爲中心。〈讓王〉篇之內容且多見於《呂覽》、《淮南子》及《韓詩外傳》之中，當爲漢人之作。而後三篇中則「非曾史、楊墨而贊盜跖之跡」，〈胠篋〉篇有言田成子十二世有齊國之說，〈刻意〉篇中有吐故納新，導引養形之語，必是秦漢間作品無疑。（《莊子研究》，頁39～41）黃師錦鋐對於葉國慶之說亦表贊同（《莊子及其文學》，頁17～32）。大陸作者劉孝敢《莊子哲學及其演變》一書，亦承繼這種論觀進行剖析考辨而轉具有新見。

……故莊子以此喻之。〔註19〕

上引「可證不韋去莊子未遠」、「莊子論道」及「故莊子以此喻之」，其意豈非認同〈讓王〉等篇為莊子之作乎？此一反前說而呈現互為矛盾之現象，並非焦竑對於這些篇章之作者持有雙重之看法。焦竑之認為外雜篇有後人竄掇之跡，是肯定的，至於其徵引諸家持不同之說，當可解為審文兼容並畜之舉。

至於〈天下篇〉之作者歸屬，在焦竑之前注《莊》者，如郭象、呂惠卿、林疑獨、王雱、李元卓、林希逸、褚伯秀、蘇軾、陸西星、羅勉道、劉辰翁等諸家，率皆認為〈天下篇〉乃《莊》文之後序。若陸西星謂：「〈天下篇〉莊子後序也；列敘古今道術淵源所自，而以己意承之，即孟子終篇之意也。」而林希逸亦持同論：「莊子於末篇序言今古之學問，亦猶孟子聞知見知也。」焦竑於此學術風氣影響之下，亦不外此看法，其於〈天下篇〉之引文並及其〈筆乘〉皆致此見：

……莊子通以平意說己，與說他人無異也。……（郭注，卷八，頁五一六）

夫莊子之所體者，獨與天地精神往來而不傲倪於萬物，故其言亦然。

（呂註）

「雖然」以下，是莊子評品之詞……（《循本》）

莊子自列於老聃之後，固未嘗敢以上掩六經也，讀至此豈復更有余篇哉？（《循本》）

莊子振徽音於七篇，列斯文於後世……（陸德明）

凡莊生之所述，豈特墨翟、禽滑釐以來為近於道，即惠施之言，亦有似焉者也。劉辰翁所謂唯愛之，故病之，而不者以為疾也。毀人以自全也，非莊子也。（《莊子翼‧筆乘》）〔註20〕

大體而言，焦竑對於《莊子》篇章之辨偽，雖稱郭象之刪《莊》是「誠雋識者」，但對於郭本三十三篇，則仍認為有屬於後人之竄入者，以為不能不辨。並斷言除雜篇之〈讓王〉、〈盜跖〉、〈說劍〉、〈漁父〉等四篇，又外篇〈刻意〉、〈繕性〉、〈胠篋〉等三篇，皆非莊子之作。同時承蘇東坡之見，主雜篇中〈寓言〉與〈列御寇〉之終，宜合璧為一。據此，焦竑認為真正手出莊子者，則僅二六篇〔註21〕耳。

〔註19〕以上各條注文分別見於《金陵叢書》本《莊子翼》，頁486、843、289。

〔註20〕參同註19書，〈天下篇〉註，頁508～519，並及黃師錦鋐《莊子讀本》頁25～28。

〔註21〕以上所言係參考劉孝敢《莊子哲學及其演變》頁48及葉國慶《莊子研究》頁26～36。據陸德明《經典釋文莊子音義》揭示《莊子》一書中外雜篇題命名原則，概可類為三：一則以事物為劃分之原則，外篇中〈駢拇〉、〈馬蹄〉、〈胠篋〉、〈天地〉、〈秋水〉、〈山木〉等六篇及外篇〈讓王〉、〈說劍〉等二篇者是；其次以文義作為劃分依據者，外篇有：〈在宥〉、〈天道〉、〈天運〉、〈刻意〉、〈繕性〉、〈至樂〉、〈達生〉等七篇，雜

二、焦竑對《莊子》篇章立名之看法

　　《莊子》各篇之命名乃具規律性之安排。內七篇全是有意義的三字題，若〈逍遙遊〉、〈齊物論〉之屬，可謂全文大意之縮影，文字意義深具飽和性，有別於外、雜篇之立名。外雜篇除卻〈讓王〉、〈盜跖〉、〈說劍〉、〈漁父〉外，率以篇首二、三字，或首句、首段中具實際意義之物以立名，如〈知北遊〉、〈庚桑楚〉、〈外物〉、〈寓言〉之屬，其立名之辭旨和內篇不同，大抵以闡發內篇為宗旨〔註22〕。

　　對於《莊子》篇章之立名，焦竑亦有其看法。前言焦竑於篇章之真偽，雖有承蘇軾之說，然於篇題立名，則與蘇軾持論迥異。蘇軾認為《莊子》一書「凡分章篇名，皆出於世俗，非莊子本意」〔註23〕。然焦竑則認為「內篇命題本於漆園」，其於外篇〈駢拇〉引褚伯秀《管見總論》即持此論：

　　　　內篇命題本於漆園，各有深意；外、雜篇則為郭象所刪修，但摘篇首
　　字名之，而大義存焉。〔註24〕

　　可見焦竑認為，內篇立名是本於莊子手定，而外、雜篇本無篇題，其篇題立名之有，乃郭象刪《莊》時所增附者。而此內七篇立名源於莊子之見，並非肇始於焦竑（或褚伯秀），早在宋・陳景元（碧虛子）即有「內七篇，漆園所命名」之斷言，並進而闡發其所深於「理本」者何在。見其《莊子》內篇總論曰：

　　　　內七篇目，漆園所命名也。夫人能無己，然後功名泯絕，始可以語其
　　《逍遙遊》矣。《逍遙遊》者，以其獨步方外，矜誇未忘，故次之以《齊
　　物論》。夫齊也者，忘物而自齊也，而未齊者，即有彼我之論焉。彼我迴
　　圈，入環中之空則齊矣。能以空自齊者，未識死生之主，故次之以《養生
　　主》。主者，精神骨骸之真君也。形猶薪也，主猶火也，夫能存火者薪也，
　　薪盡則火滅矣。唯善養者莫知其盡，複有獨耀者，不能與人群，故次之以
　　《人間世》。夫處汙而不染者，善能和光同塵，同塵故有德，故次之以《德
　　充符》。德形則物忘，唯隱晦者才全，才全則可以為師，故次之以《大宗
　　師》。為師者莫如真人，真人豈得有心哉，無心則可以貳造化，故次之以
　　《應帝王》。夫帝王者，大道之原，教化之主，居四大之一，為萬物之尊，

　　篇則有：〈外物〉、〈寓言〉、〈天下〉等三篇；再者以人物名稱作為區分之原則者，外
　　篇有：田子方、知北遊，雜篇則有〈庚桑楚〉、〈徐無鬼〉、〈則陽〉、〈盜跖〉、〈漁父〉、
　　〈列禦寇〉 等篇。

〔註22〕以上所言係參考劉孝敢《莊子哲學及其演變》頁48及葉國慶《莊子研究》頁26～36。
〔註23〕蘇軾《莊子祠堂記》見《莊子翼》附錄，頁527。
〔註24〕《金陵叢書》本《莊子翼》〈駢拇〉篇，頁323，引褚伯秀〈管見總論〉。

廣矣深矣，相者莫能測矣。」〔註25〕；

　　陳景元認爲《莊子》內七篇之篇名，不但爲莊子所親題者，且爲全書之精妙所在，至於外篇、雜篇者，不過「重複衍暢七篇之妙」，此即所謂「內理外跡」之謂也。而首揭此命題者，唐·成玄英者也。其於《莊子注疏序》對於莊書內外雜之分，即依此論點作爲判準：

　　　　內則談於理本，外則語其事跡。事雖彰著，非理不通；理既幽微，非事莫顯；欲先明妙理，故前標內篇。內篇理深，故每於文外別立篇目，……〈逍遙〉、〈齊物〉之類是也。自外篇以去，則取篇首二字爲其題目，〈駢拇〉〈馬蹄〉之類是也。〔註26〕

在此成氏雖未明指內七篇篇名爲莊子所自擬，然其認爲《莊子》一書之所以有內、外、雜篇之區別及標題之有無者，蓋依其內容之深淺──即「內則談於理本，外則語其事跡」作爲劃分之標準所致。此論點頗爲後代論《莊》者所承襲。除了成、褚二氏之外，宋·羅勉道、明·陸長庚亦皆持相同看法。觀羅勉道《南華眞經循本·逍遙遊》注曰：

　　　　內篇皆先立篇名，而篇中意不出此；外篇與雜篇惟摘篇首字以名之。

　　蓋內篇命意已足，外、雜篇不過敷演其說爾。

明陸長庚《南華眞經副墨·駢拇》注亦謂：

　　　　內篇七篇，莊子有題目之文也，其言性命道德、內聖外王備矣；外篇則標取篇首兩字而次第編之，蓋所以羽翼內篇而盡其未盡之蘊者。

對照於前焦竑所引述之論點，明顯地即承襲此脈絡而來之傳統看法〔註27〕，焦竑此論與其主「內篇斷非莊生不能作」之說並不相悖。然對於外、雜篇之立名，焦竑認爲是郭象之所爲，此則與史實不符。

　　蓋司馬遷於《史記·莊子列傳》中已有明言：「莊子作「〈漁父〉、〈盜蹠〉、〈胠篋〉以詆孔子之徒，以明老子之術。〈畏累虛〉、〈亢桑子〉之屬，皆空語無事實〔註

〔註25〕陳碧虛〈南華眞經章句音義敍〉，頁2。

〔註26〕唐·成玄英〈莊子注疏序〉。

〔註27〕成氏以內容之精粗，作爲篇題之有無與內外雜篇劃分之標準，而後學者承繼者多，若羅氏、陸氏及焦竑者是；懷疑批評者亦間而有之，若宋林希逸《南華眞經口義·庚桑楚》注文，則有「此篇文字何異於內篇，或曰外篇文粗，內篇文精，誤矣！」之批評；再者明末清初王夫之作《莊子解》時，對於〈雜篇〉亦有「雜篇多微至之語，學者取其精蘊，誠內篇之歸趣也。」之懷疑，可見成氏「精粗」之說，仍有待商確之處。

〔註28〕《史記索隱》說〈畏累虛〉爲篇名。然張正節《史記正義》則持異議，認爲〈畏累〉是地名，而非篇名。崔大華《莊學研究》則同意張正節之理解，謂其說爲可信。然

28〕。」今除〈畏累虛〉不見於《莊子》外，餘〈漁父〉、〈盜跖〉、〈胠篋〉及〈亢桑子〉（即〈庚桑楚〉）諸篇者〔註 29〕，皆見列於今本《莊子》雜篇中。案史遷（西元前一四五～八六年）乃西漢初人，其所見篇名皆俱在今本《莊子》中，而後於史遷四百餘年之郭象（西元？～三一二年），豈能先於史遷而手定《莊子》外、雜篇之篇名乎？據此，知此乃焦竑之失察也。又根據日人武內義雄《莊子考》之說：郭象曾將向秀置於外篇之〈庚桑楚〉、〈徐無鬼〉、〈則陽〉、〈外物〉、〈寓言〉、〈盜跖〉、〈列御寇〉、〈天下〉等八篇編入雜篇，更有移內篇作外篇者〔註30〕。準此論述則又足以證外雜篇之篇名，並非定於郭象，然若更謂「《莊子》篇章次第為郭象所定」，則較為可信也。

三、小　結

綜上所探，焦竑對於篇章真偽之辨，大抵承繼蘇軾、羅勉道之「語意精粗」說，及林希逸、朱得之等就「歷史史實」以為判定，並益以己見，認為內篇非莊子不能作，而外雜篇則雜有後人竄入者，此說大抵與實無悖；至於其對於篇章立名之看法，則承成玄英「內理外跡」之論，並踵陳碧虛依「理本」為根，以定「內七篇漆園所命名」，而外雜篇則出於郭象所增附。然詳其史實，早於郭象四百年之史遷，已論及〈漁父〉、〈盜跖〉、〈胠篋〉、〈畏累虛〉、〈亢桑子〉等外雜篇之篇名，由此審核焦竑對於外雜篇率由郭象所「命意」者之說法，其判準實難說服後進學者矣！

第二節　焦竑《莊子翼》〈筆乘〉立義之特點

一、《莊子翼》與〈筆乘〉之名義考探

焦竑闡析道家思想之作品，今見者有《陰符經》、《老子翼》及《莊子翼》三種。除《陰符經》外，《老》、《莊》二書皆以「翼」名之，其解《老》、《莊》之說，則皆稱〈筆乘〉。翼者，《呂氏春秋·舉難》云：「然而名號榮顯者，三士羽翼之也〔註31〕。」又《韓非子·外儲說》：「人主之所以自羽翼者，嚴穴之徒也。」故翼者，有輔佐之

審《史記》本文謂「畏累虛、亢桑子之屬，皆空語無事實」，所言「皆」者，蓋指二者以上，若單指一篇，何必用「皆」字？故本文同意司馬貞之說法，視〈畏累虛〉為篇名。

〔註29〕焦竑亦有此認同，謂「〈亢倉子〉即《莊子》〈庚桑楚〉也。其書本堂王士源作」。《焦氏筆乘續集》卷三，頁 6471。

〔註30〕參同註3。

〔註31〕自此以下引文未註出處者，皆出自《辭源》（北京商務印書館）。

義。焦竑〈莊子翼敍〉中則有曰：

　　　　余既輯《老子翼》若干卷，復取《莊子》義疏讀之，采其合者爲此編，

　　亦名之曰：《莊子翼》。〔註32〕

文中所謂「合者」，審其全書所徵引之資料，當即弗論儒、道或佛，唯能發明《莊子》之旨趣，足爲其羽翼者，皆併而采之之意，此即焦竑命「翼」之所由也。而〈筆乘〉之命義，「筆」者，《史記・孔子世家》云：「至於《春秋》，筆則筆，削則削，子夏之徒，不能贊一辭。」則「筆」字即有書寫記載之義。至於「乘」者，隋・慧遠《大乘起信論義疏》云：「所言乘，運載爲義。……言行乘者自運運他，故名爲乘。」是故「乘」者，即有運載之意。佛教以乘車喻修佛法，依學者接受佛法能力之異同，其乘載方式亦有所變異。若菩薩者，以六度萬行爲乘〔註33〕。圓覺者，以十二因緣爲乘〔註34〕。聲聞者，以四諦爲乘〔註35〕。人、天者，則以五戒十善爲乘〔註36〕。觀其運載之內容，各有不同，然審其目標，則皆是欲藉所乘之法以成佛，即所謂「三乘同軌，萬法斯一也」（《唐釋皎然集》〈能秀二祖贊〉），此乃焦竑《莊子翼・筆乘》立名之所由，亦即選文不斥儒、道或佛，總歸於一之意旨也。

二、《莊子翼》與〈筆乘〉立義之特點

　　《莊子》一書乃道家之思想結晶，本與佛法無涉，然者由於二者在於「心性論」之文化指歸上有其共通性〔註37〕，是故自佛教傳入初期，即有學莊者強調儒、道、

〔註32〕《莊子翼》，頁236。

〔註33〕所謂六度者，亦稱六到彼岸、六波羅密多。意思是從生死苦海到涅槃彼岸的方法。共有六種法門，即佈施、持戒、忍辱、禪定、智慧也。三界所指者，蓋指生死流轉之人世間，即欲界、色界、無色界。人能解脫出此三界，必能到達涅槃彼岸。參《大明三藏法數》。

〔註34〕十二因緣者，指無明、行、識、名色、六入（眼入色、耳入聲、鼻入香、身入觸、意入法）、觸、受、愛、取、有、生、老、死也，也稱十二支、十二緣起。學者以此爲乘，除於我執，而覺悟眞空之理，以此之法運出三界。參同前揭書。

〔註35〕四諦者，即苦諦（生、老、病、死）、集諦（集骨肉財帛）、滅諦（滅禍業而離生死之苦）、道諦（爲八正道，以能通於涅槃）也，又名四聖諦、四眞諦。學者以此爲乘，知苦、斷集、慕滅、修道、由觀四諦出離生死，而至涅槃。參同前揭書。

〔註36〕十善者，指不犯殺生等十事者爲十善。與十惡相對而言。以其爲佛教之戒律，復稱爲十誡。而五戒者，謂不殺生、不偷盜、不邪淫、不妄語、不飲酒食肉，亦稱五誡。參同前揭書。

〔註37〕所謂文化指歸之共通性，即指儒、釋、道同屬內在超越的文化，亦即心性論。近人梁漱溟先生曾謂：「兩家（指儒、佛）爲說不同，然其所說內容爲自己生命上一種修養的學問則一也。」儒佛「同是生命上自己向內用功進修提高的一種學問」（《儒佛同異論》）即此學問，以說儒佛可也，說儒道佛亦可也。參陳立旭〈中國文化指歸與佛

佛之一致性〔註38〕。歷經唐、宋、元等朝「三教同源論」之催生，時至明代儼然成一股風潮，勢不可掩。明代著名佛教學者眞可（紫柏尊者）「三家一道」之說，即是此風最佳之註腳：

> 學儒而能得孔氏之心，學佛而能得釋氏之心，學老而能得老氏之心，……且儒也、釋也、老也，皆名焉而也，非實也。實也者，心也。心也者，所以能儒、能佛、能老者也。……知此乃可與言三家一道也。而所不同者，名也，非心也〔註39〕。

眞可於此強調儒、道、佛之所以異者，僅是表面稱謂符號之不同而已，至其追求內在心性之宗旨，則是三家一道。所謂此心同，此理同也。此三教一道之思想，非但佛教學者持如是觀，道學家如張三豐，心學家如王陽明、羅近溪、李卓吾及管志道等〔註40〕，亦主是說，可見「三教觀」乃有明一代之哲學思想重心〔註41〕。而焦竑「三教合一」說即是此時代思想下之產物，觀其不諱表象之稱謂，將佛家以喻佛法之「乘」，移作其解《莊》、《老》之篇名，便知其一也。其次焦竑曾述及其讀佛書之感受曰：

> 始也讀《楞嚴經》而意儒遜佛，既讀《阿含》，而意佛等於儒；最後讀《華嚴》而悟，乃知無儒無佛，無小無大，能小能大，能佛能儒〔註42〕。

焦竑此「無儒無佛」、「能佛能儒」之體認，可說和眞可「三家一道」論同出一轍。蓋於焦竑之理解，儒談心性與佛談心性根本相同，若要論其差異，亦只是東西方宗教之別而已。焦竑曰：

> 佛言心性與孔、孟何異，其不同者教也。《文中子》有曰：「佛，聖人

教傳播的原因〉（《無神論·宗教》一九九二·二）。

〔註38〕若牟子《理惑論》曰：「問曰：『何以正言佛？佛爲何謂乎？』牟子曰：『佛者，諡號也，猶名三皇五帝聖也，佛乃道德之元祖，神明之宗緒。……』」又云：「於是銳志於佛道，兼研《老子》五千文。含玄妙爲酒漿，玩《五經》爲琴簧。」又孫綽《喻道論》亦曰：「周、孔即佛，佛即周、孔，蓋内乎名耳，……共爲首尾，其致不殊。……」言下之意，即三皇五帝、周、孔、佛與道德元祖雖有内外名稱之分，然於救度眾人、治理天下之目的則無別。見《中國佛教思想資料選編》，頁2、3、27。

〔註39〕《紫柏老人集》卷九〈長松茹退〉。轉引自陳俊民〈宋明「三教合一」思潮中的「心性」旨趣〉一文。

〔註40〕詳烏以風〈中國儒釋道三教同源思想之歷史演變〉。該文以史之觀點，由南北朝起論，下及清朝之演變，間及其興盛之由，引據明確，論説言簡意賅，值得參考。

〔註41〕張三豐（生卒年未詳）或謂其生於元代初期，卒於明代晚期。其《無根樹解義》（《道書》十二種之一）便是宣傳三教合一之典型著作（參同三九註）。至於王陽明門下之泰州學派所主三教合一之思想，請詳本論文第一章第三節〈焦竑之學術思想淵源〉。

〔註42〕《金陵叢書》本乙集之八，《澹園集》卷一七〈贈吳禮部序〉，頁596。

也，其教西方之教也。中國則泥軒車不可適越，冠冕不可以之胡，古之道也。」古今論佛者，惟此爲至當。今闢佛者欲盡廢其理，佞佛者又妄取其跡，總是此中未透脫故耳〔註43〕。

可見焦竑於儒、佛之間，但取其「理」同者，而遺其「跡」異者。其於儒、佛之間如是取捨，於儒、道之間，亦不廢是說：

　　　　夫老之有莊，獨孔之有孟也。老子與孔子同時，莊子又與孟子同時，孔、孟未嘗攻老也。世之學者顧諓諓然沸不少置，豈以孔、孟之詳於有，而老、莊詳於無，疑其有不同歟？嗟乎！孔、孟非不言無也，無即寓於有。而孔、孟也者，故因世之所明者引之，所謂「下學而上達者也。」彼老、莊生其時，見夫爲孔、孟之學者局於有，而達焉者之寡也，以爲必通乎無，而可以用有，於焉取其所略者而詳之，以庶幾乎助孔、孟之所不及。若夫仁義禮樂云云者，孔、孟既丁寧之矣，吾復贅而言之，則向爲乎？此蓋老、莊之雅意，非其創爲高也。不然形而上者謂之道，形而下者謂之器，此孔、孟之言也。今第易道器爲有無，轉上下爲竅妙，其詞異耳，以其詞之異，而害其意之同，是攻之者自病也，曾足以病老、莊乎〔註44〕？

焦竑認爲孔、孟非不言「無」，只是將「無」寓於「有」之中耳；而老、莊亦非不言「有」，以見「孔、孟之學者局於有，而達焉者之寡也」，故取其所略者而詳之，其旨主在補孔、孟之所不及，而其致道之目標則和孔、孟無異。此乃老、莊「立象先超乎係表」之用心，並非故創爲高耳。而世儒竟皆不明究理，見其有無之名異，便直指老、莊爲異學，卻不辨此乃是「易道器爲有無，轉上下爲竅妙」之作用，只是詞異而已，究其意則實同也。焦竑不但認爲儒、道有相互印證之處，同時站在「理跡」、「精粗」之觀點上，亦循蘇軾之踵跡，強調莊子乃尊孔者，否定過往詆孔之說，其曰：

　　　　史遷言莊子詆訾孔子，世儒率隨群和之。獨蘇子瞻謂其「實予而文不予，尊孔子者無如莊子」。噫！子瞻之論，蓋得其髓矣。然世儒往往牽於文而莫造其實，亦惡知子瞻之所謂乎？何者？世儒之所執者，孔子之跡也，其糟粕也，而莊子所論者其精也〔註45〕。

　　歸之焦竑之信念，乃認爲儒、道、釋三家，就「理」之追求而言，乃爲一致性，故其亦有「三教一致」之說。其於〈贈吳禮部序〉中便直捷表達此種渾融理念：

〔註43〕同前書卷四七，〈崇正堂答問〉，頁84。
〔註44〕見同註1書，〈莊子翼敘〉，頁236。
〔註45〕同前書，〈讀莊七則〉之三，頁239～240。

> 道，一也，達者契之，眾人宗之。在中國者曰：孔、孟、老、莊；
> 其自西域者曰：釋氏。繇此推之，八荒之表，萬世（古）之上，莫不有
> 先達者為之師，非止數人而已。昧者見跡而不見道，往往瓜分之而又株
> 守之〔註46〕。

焦竑認為古往今來凡「達者」皆可為「道」，只因「昧者見跡而不見道」，故而瓜分
大道為佛、為儒、或為道，且又株守一隅所致也。又於〈刻大方廣佛華嚴經序〉中
重申此觀點：

> 道，一也。在中國曰：孔、孟、老、莊；其自西域者曰：釋氏。《六
> 經》、《語》、《孟》無非禪；堯、舜、周、孔即為佛〔註47〕。

故就「道」而言，焦竑認為當無名稱、地域之分野。其到終極處，皆可相融，譬若
「南人食稻而甘，北人食黍而甘」，雖有南北地域之異，顧其目的，則旨在求飽耳。
而「道之于孔、老」，猶黍之於南北也。」俱足飽人，二者並無軒輊〔註48〕；此又
譬如「天無二月」也，蓋「道是吾自有之物，只煩宣尼與瞿曇道破耳。非聖人一道、
佛又一道也。大抵為儒佛辨者，如童子與鄰人之子，各詫其家之月曰：『爾之月不如
我之月也』。知家有爾我，天無二月。」（《澹園集》卷四十九《明德堂答問》）。至於
如何破除「小兒爭跡」之淺見，但執其「跡」而不見其「所以跡」之文字障礙，焦
竑提出了「以意為方」之命題，並參陸長庚「喝佛罵祖」之說為喻：

> 譬之扁鵲見垣五藏，而製為方。有學之者二人焉，一不能見五藏病也，
> 而第執其方；一如扁鵲見五藏垣也，而以意為方，而不必盡出其師也。則
> 為扁鵲者，將善其守吾方者歟？抑善夫以意自為方者歟？

又云：

> 釋氏之論酬恩者，必訶佛詈祖之人。夫以訶佛詈祖為酬恩，則皈依贊
> 嘆為倍德矣！又熟知夫訶與詈者，為皈依贊嘆之至也。不然秦佚之弔，嘗
> 非老聃矣；栗林之遊，又嘗自非矣，而亦詆訾聃、周可乎〔註49〕？

焦竑以扁鵲比諸莊子，以釋氏喻諸孔子；而以「以意為方」、及「執第為方」者擬學

〔註46〕見同註42。
〔註47〕參同註42書，卷十六〈刻大方廣佛華嚴經序〉，頁589。
〔註48〕見《老子翼》卷三〈附錄〉，引李贄〈刻子由解老序〉。然焦竑引之則用以主「三教本
　　　一」說，此則有別於李卓吾「三教歸儒」之論也。
〔註49〕參同註45，頁240。陸長庚亦是欲合老、莊、釋為一家者，其於〈讀南華雜說〉曰：
　　　「是經（指《莊子》）篇章雖多，闔闢鼓舞，一意貫串，但其言突兀驚人，其詆侮聖
　　　賢，正如禪宗中『喝佛罵祖』，……理會識者，謂其深報佛恩，於此悟入，然後許讀
　　　此書。」（《南華真經副墨》頁23～34）焦竑「訶佛詈祖」者為深報佛恩之觀點，即
　　　承陸氏之說而來。

《莊》者，進以「訶佛罵祖」與莊周訾詆孔子相附，而總結其論爲「釋氏論酬恩者，必訶佛罵祖之人」。蓋焦竑認爲，莊子之詆訾孔子與禪宗藉「訶佛罵祖」以證西來意之宗旨者同，皆在致道耳。學者若能有此領悟，但求其「所以跡」，而非僅求其「跡」，「以意爲方」，而非獨「執第其方」，如此則「書不必孔丘之言，藥不必扁鵲之方」，且亦必爲莊子所善，以其乃眞知莊子者也。

三、小　結

　　由上所論，知焦竑對於《莊子》一書及儒、佛、道之理解，完全立於但求其「所以跡」，而非取其「跡」者也。儒、道、佛之跡，既不足以病，亦不足以辨，則其解《莊》、《老》之說，卻取佛教之「乘」以名之，此亦不足爲怪矣〔註50〕。觀焦竑《莊子翼‧筆乘》之運載方法，主要是以儒、道、釋爲乘，如釋〈逍遙遊〉「怒而飛」引《褚氏管見》曰：

　　　　……當化者不化，當飛者不飛，皆天機所運，受化者不自知也，怒而飛者……不得已而後動之義。爲氣所使，勇動疾舉，有若怒然。……凡物之潛久者必奮；屈久者必伸，……隨二氣（陰陽）而運，盈虛消長理不可逃也。〈齊物論〉「萬竅怒呺」、〈外物篇〉「草木怒生」亦此意，《道德經》所謂「萬物並作」是也〔註51〕。

是以道解《莊》，並間及援儒（《易》）入道。而釋〈大宗師〉「南伯子葵問乎女偊」引《附墨》曰：

　　　　……天下將迎成毀，與接爲搆，世人心遊其間，一心方將，一心迎之；一心畏毀，一心成之，生滅憧憧，無有了歇，其有惡此者，又欲撥而去之，不知除生滅之心，亦生滅也。惡能入於不生不死之鄉哉？今無不將也、無不迎也、無不毀也、無不成也，因其自至而我無容心，此則名爲「攖甯」。「攖甯」者，攖而後成者也，謂於世勢攘擾之中而成大定，此則不壞世相而成實相，豈與斷滅種性以求成者同乎〔註52〕？

即是以佛解《莊》。又於〈筆乘〉解〈逍遙遊〉「夫子固拙於用大矣」句，引孔子「性近‧習遠」爲說，而釋〈養生主〉「薪盡火傳」之理，則引《佛典》析之〔註

〔註50〕佛教以佛乘車喻修行法門，但在三教合一的思想風氣之下，亦有借其以名書者，如：道教以洞眞部爲大乘、洞玄部爲中乘、以洞神部爲小乘，合稱三乘。見《雲笈七籤》卷三，〈道教洞宗元〉。

〔註51〕《金陵叢書》本《莊子翼》，頁242。

〔註52〕同前書，頁305。

〔註53〕同前書，頁246及274。這種以三教解《莊》之特點，除了運用在思想義理上外，於

53〕。此正是其「書不必孔丘之言，藥不必扁鵲之方，合義者從，愈病者良」之證明也〔註54〕。

　　焦竑《莊子翼·筆乘》之解《莊》如是，其《老子翼·筆乘》解《老》亦不外此特色。蓋焦竑認爲：

　　　　學者與其拒之，莫若兼存之，節取其所長，而不蹈其敝〔註55〕。

然所謂「藥不必扁鵲之方」者，並非漫無標準之探錄，而是要立於「合其義」，不蹈其敝；取其「理」，且遣其「跡」之標準上，亦即內容要合於「能乘以到達涅槃（道）彼岸」者，方是其探摭之對象。至若方士「黃白男女之說」者，以其並非道家之正統，則在其摒棄之列〔註56〕。

　　章句字解上，焦竑亦是採用這種方法註《莊》。如引《循本》釋〈應帝王〉「無雄奚卵」者，則以《參同契》「牝雞不獨卵」爲解。釋〈逍遙遊〉「蜩」與「鷽鳩」則引郭璞注《月令》、《左傳》爽鳩氏杜注等爲解。

〔註54〕此語出牟子《理惑論》。見《中國佛教思想資料選編》，頁5。

〔註55〕參同註41書，卷二三，〈經籍志論〉之十三〈釋家〉，頁656。

〔註56〕焦竑認爲老、莊所談之無爲，並非是不爲；所謂養生，亦並非養性命之外的長生說。其於〈讀莊七則〉之一，爲老、莊申辨，謂其所謂「無爲」並非如晉、宋人之清談廢事。於〈盤山語錄〉復爲釐清道家與道士之界線而用力之。焦竑曰：「道也者，清虛不毀萬物，上古南面臨民之術也，而豈其異端哉？古道不傳，而世儒顧以老子爲異端，多詘其書而不講，至爲方士者所託，於是黃白男女之說皆以傳著之，蓋爲學者之不幸，而亦道之辱也。……夫方士言長生者往往穿鑿於性命之外也，……不知養其性者，同乎天道而不亡。……」（《澹園集》卷十六，頁589）。於〈經籍志論——道家〉復言：「九流唯道家多端，昔黃、老、列、莊之言清虛無爲而已，練養服食，所不道也，……豈有幾於長生哉？」（《澹園集》卷二三，頁655）

第四章　焦竑《莊子翼》之體例及其得失

第一節　《莊子翼》著書之體例

一、《莊子翼》援引之內容

　　焦竑《莊子翼》爲一集解之書，其注罔羅眾家，擇其合者而從。此書之作，蓋因儒者有以《莊子》盛言虛無，以爲乃廢世教之書，又以釋氏非邦內之教，有華夷之辨，以故焦竑則論《莊子》之旨與儒佛並不相背馳，認爲儒道「孔、孟、老、莊，皆憫學者離其性而爲之書以覺之，思欲反其性也」而作也（〈莊子翼敍〉），而莊子之詆孔，猶釋氏之「訶佛罵祖」者（〈讀莊七則〉）；莊子之言出離生死，亦是佛法之先驅。故總歷代注《莊》之說，不論以儒釋《莊》，或以佛解《莊》者，乃至陰陽五行、丹道之經皆其引據之資，且兼及以文評《莊》者。頗有欲合三氏於一爐之企圖。由中不但可稍窺《莊》注之流變，更可見其發明三教合一之觀點。是編之成，以褚伯秀《南華眞經義海纂微》及據《義海》刪削而成之孫應鰲《莊義要刪》爲底本，除郭象以下十七家有所承外，更增《新傳》、《循本》、劉須溪、唐荊川（附徐士彰）、《副墨》等六家，旁引他說互相發明者，自支遁以下十五家，並附己見，名爲〈筆乘〉；又采章句音義者，自郭象以下凡十一家，可謂搜羅廣博。

二、《莊子翼》之版本

　　今所傳《莊子翼》主要爲明・萬曆十六年長庚館刊本。本文所依據者則是民國三年（甲寅）皋月蔣國榜・愼修書屋所編之《金陵叢書》排印本。是刊本首題江寧・焦竑（長庚館刊本則題爲北海・焦弱侯編訂，建業・王元貞、孟起（父）校閱）。前有《四庫全

書總目提要》、萬曆戊子人日（「人日」，當爲「壬日」之訛）焦弱侯〈莊子翼敘〉、萬曆戊子清明日王元貞孟起父〈莊子翼敘〉、〈莊子翼采摭書目〉、〈讀莊七則〉，末附碧虛《莊子闕誤》一卷及〈史記莊子列傳〉、阮嗣宗〈莊論〉、王介甫〈莊子論〉二首、蘇子瞻〈莊子祠堂記〉、潘舍人〈贈別〉、王元澤〈雜說〉二十九則，及李元卓〈莊子九論〉等爲〈附錄〉一卷，後並有蔣國榜跋。

全書依《莊子》三十三篇分爲八卷。首卷爲〈逍遙遊〉、〈齊物論〉、〈養生主〉；卷二爲〈人間世〉、〈德充符〉、〈大宗師〉、〈應帝王〉（以上爲內篇）；卷三爲〈駢拇〉、〈馬蹄〉、〈胠篋〉、〈在宥〉、〈天地〉；卷四爲〈天道〉、〈天運〉、〈刻意〉、〈繕性〉、〈秋水〉；卷五爲〈至樂〉、〈達生〉、〈山木〉、〈田子方〉、〈知北遊〉（以上爲外篇）；卷六爲〈庚桑楚〉、〈徐無鬼〉、〈則陽〉、〈外物〉；卷七爲〈寓言〉、〈讓王〉、〈盜蹠〉、〈說劍〉、〈漁父〉；卷八爲〈列御寇〉、〈天下〉（以上爲雜篇）。

三、《莊子翼》著錄方式

至其著錄方式，在三十三篇中，內篇分題解、注釋與集注三種，外雜篇則僅有注釋與集註，別無題解，茲就其註錄方式簡介於後：

（一）就題解而言

僅內七篇才有題解，於每篇篇名下，注明該篇之篇旨。內容以郭象注爲主，兼及《補註》、荊川、《循本》及〈筆乘〉各一條。案篇名有題解者，首郭象。褚伯秀編纂《義海》時並未將之采入，至孫應鰲《莊義要刪》才復此體例，焦竑此例明除有所承孫氏外，且復有其增刪者。焦竑雖於書目下稱其有采方揚、方沆之《莊義要刪》者，然由於二方之書今已不傳，且二方之書乃據孫書而來，故本文以孫書爲據，持以與校《莊子翼》，並列表於後，以明《莊子翼》題解內容之所從出者：

篇　名	孫應鰲《莊義要刪》所引	焦竑《莊子翼》所引	備　註
〈逍遙遊〉	郭象	郭象、〈筆乘〉	增〈筆乘〉一條
〈齊物論〉	郭象	郭象、〈荊川〉	增〈荊川〉一條
〈養生主〉	郭象	郭象	同前
〈人間世〉	郭象	郭象	同前
〈德充符〉	郭象、《補註》、《口義》	郭象、《補註》	省《口義》
〈大宗師〉	郭象	郭象	同前
〈應帝王〉	郭象	郭象、《循本》	增《循本》一條

由上表之分析，足見焦竑《莊子翼》之題旨，實有承《莊義要刪》之跡，然其所異者，在於《莊義要刪》所引郭象註皆不具名，而《莊子翼》則明白標稱，此點更勝《莊義要刪》。

（二）就注釋而言

《莊子翼》正文皆采分段注釋，在集註之前，於每段文後，大多附有簡略之難字句之音義或考證，可惜出處率付之闕如。大抵《莊子翼》於正文之段落和《義海》稍有不同，然和《莊義要刪》則如出一轍，此正明其有所自。而於每段文後有小注，亦首韌於《莊義要刪》，焦竑據以有所增刪，然亦都沒其出處（詳本章第三節）。

（三）就集解而言

1. 其集解采摭之原則，乃在於博采歷代注《莊》諸家之勝義，內容廣及三教之理。其中儒道互補之關念和孫應鰲一致。孫氏認爲：

> 《莊子》非與《六經》乖反，抑且成濟《六經》……故泥《六經》以讀《莊》，則《莊》無稽；執《六經》以讀《莊》，則《莊》無用；外《六經》以讀《莊》，則《莊》無據，唯有融《六經》以讀《莊》，則《莊》無忤。（〈莊義要刪序〉）

焦竑亦稱：

> 「（彼《老》、《莊》）庶幾乎助孔、孟之不及。」（〈莊子翼敍〉）

上論，亦可明焦竑注《莊》其思想承轉之軌跡。

2. 所采各注家之次序，大抵依年代先後排列次第，皆首冠郭象、次呂吉甫者，然並非十分嚴謹，亦時有時序倒置之情形，例如：〈逍遙遊〉「湯之問棘」節將宋·王雱《新傳》置於宋末·劉須溪（辰翁）之後（卷一，頁二四五）；又〈秋水〉篇「莊子與惠子游濠梁」節，亦將宋·李士表列明·陸長庚《副墨》之後（卷十七，頁三九一）；又如〈列御寇〉「鄭人緩也」節，亦將宋·羅勉道《循本》、明朱得之《莊子通義》次於唐·陸德明之前（卷七，頁五〇二）。諸如此類者，在《莊子翼》之中，直有二十四處之多，初步推探其所以未按年代先後爲次者，當以其三教合一，且不廢實學之立意有關，蓋劉辰翁《莊子南華眞經點校》與朱得之《莊子通義》者，乃繼林希逸躋《莊子》於詞章之林後之發揮者與踵步者；而羅勉道《循本》亦致力以「古學」與「佛學」通《莊》；至於陸長庚之治《莊》，則鎔釋道於一爐，較之王雱「以儒解莊」，則郭象啼聲在前，更具代表性；顯較李士表、陸德明更爲異軍，並以玄理、佛學入莊，諸此轉注多方，與焦竑之「以意爲方」相類，故推此乃焦竑之所以不按時序列次注家之用意矣。

3. 在眾采諸家注之後，則於每篇篇末列一總論，以闡明該篇之要旨。三十三篇中除了〈說劍〉、〈漁父〉無總論；而〈盜跖〉與〈天下〉等二篇引〈劉概總論〉作總結外，餘二十九篇大抵以褚伯秀〈管見總論〉收尾，頗有引導初學者登堂入室之功用。唯〈齊物論〉、〈養生主〉二篇於〈管見總論〉之後又分別附以〈筆乘〉（卷一，頁二七〇）及《補註》、〈筆乘〉（卷二，頁二八六），又〈盜跖〉篇於〈劉概總論〉之後亦以〈丹鉛錄〉附之，不免有美中不足之處。

4. 其裁取之依據，以方沆、方揚之書亡佚不可考校外，大抵而言焦竑《莊子翼》可說是以孫應鰲《莊義要刪》為底本，並參采《義海》及其他書加以增補刪削而成者。焦竑於〈莊子翼采摭書目〉嘗稱自郭象以下二十二家係由全書編削類次；自支遁以下十五家係由集解中所引並他書采入；而章句音義者即采自郭象以下十一家，並未明及《莊義要刪》及《義海》者。

然考《莊子翼》一書，其每段正文後之注釋部分，除去《莊義要刪》原沒《釋文》、成玄英、《義海》等注而出者外，焦竑所增之注釋中，亦都不見稱引其書目所列李軌《音》、徐邈《音》、賈善翊《直音》、周弘正《文句義》、陸德明《文句義》、碧虛子《章句》、《莊子余事》以及吳幼清（吳澄）訂正本者，且李軌、徐邈、賈善翊等之章句音義，率見錄於《陸氏音義》內，焦竑若有所據，則有可能是直據《陸氏音義》而來者。

其次是集解之部，亦不見稱引書目所謂王雱註內篇、李頤註、梁簡文帝〈講疏〉、張機〈講疏〉、梁曠〈論〉（《南華論》）以及成玄英《疏》者；甚至實有稱引而不見載書目者，有陸德明註三條，分別見於〈讓王〉「昔周之興有士二人處於孤竹」節（卷七，頁四九〇）、〈列御寇〉「鄭人緩也」節（卷八，頁五〇二）與〈天下篇〉「惠施多方」節（卷八，頁五一八）；而〈人間世〉「顏闔將傳衛靈公太子」節引張居正〈評莊〉一條亦不見列書目，足見焦竑所稱者有虛浮不實之缺失。

且其書目所謂由「全書編削類次」者，亦不盡然。考其所裁取之內容，雖實有依原書編削類次者，如郭註、《新傳》、《循本》、《須溪》、荊川《釋略》、《南華副墨》等是也，（或有據方沆、方揚《莊義要刪》者，今不可考）又如〈齊物論〉「罔兩問影」節引《口義》之內容（卷一，頁二六九）則和《義海》、《莊義要刪》不同，顯是有參考原註者，此外其他注者，大都是根據《莊義要刪》或根據《義海》、或參采他書而出者；然率以《莊義要刪》為主。譬諸：

（1）根據《莊義要刪》者

〈逍遙遊〉「魏王貽我大瓠」節（卷一，頁二四九）所引郭注即和《莊義要刪》所

列完全相同。蓋考郭註及《義海》所引皆有「蓋言物各有宜，苟得其宜，安往而不適」等語，而《莊子翼》、《莊義要刪》皆不見稱引。又同前節引呂註之內容同於《莊義要刪》，而異於《義海》。他如〈齊物論〉「夫道未始有封」節引趙註、《補註》(卷一，頁二六三)、「齧缺問於王倪曰」節引疑獨注 (卷一，頁二六四)、〈養生主〉「老聃死秦佚弔之」節引《口義》(卷一，頁二七二)、〈人間世〉「顏回曰：吾無以進矣」節引詳道註 (卷二，頁二七八)、〈德充符〉「闉跂支離無脤說衛靈公」節引碧虛注等等，皆采自《莊義要刪》；尤其是〈管見〉及〈管見總論〉幾乎全根據《莊義要刪》所刪之內容而出。唯其不同者，《莊義要刪》皆名〈義海〉或〈義海總論〉，而焦竑《莊子翼》則以〈管見〉或〈管見總論〉標之，顯較《莊義要刪》更爲適切。

（2）其采自《義海》者

如〈齊物論〉「既便我與若辯矣」節引呂註、詳道、〈管見〉之注者是也。

（3）據原書並參考《莊義要刪》者

〈養生主〉「吾生也有涯」節引〈管見〉所裁取之段落內容，即係參考《莊義要刪》者；而其增「此其義與經異，蓋所謂善惡特見其跡者耳。聖賢所謂善惡，公而無畛，爲於無爲，豈常情所能哉？」(卷一，頁二七一) 則係據《義海》而增也。其中特留參考《莊義要刪》之跡者，即張居正《評莊》之例。是乃《莊義要刪》所續增書目之一，焦竑有意規避參考《莊義要刪》者，故書目中並未列《評莊》之書，然於內容難免失察，又列《評莊》一條，爲其有所承繼《莊義要刪》留下明確証據。

大抵而言，除《新傳》、《循本》、劉須溪、唐荊川、(徐士彰)、《南華副墨》、支道林、向秀、崔譔、張湛、洪邁、江逌及《鉛丹錄》等注不見列於《義海》、《莊義要刪》外，餘諸家焦竑率多根據二書所引以爲去取。

（4）承《義海》、《莊義要刪》而另闢蹊徑者

然而焦竑並非完全依據《義海》或《要刪》作爲其《莊子翼》之內容。觀其全錄郭象注者、就前人之注隨文提出糾謬者，以及融合三教不廢訓詁者則可知也：

A. 全錄郭象者

蓋《莊子翼》除〈天下〉篇郭象歎「膏梁之塗說」一條外，可謂幾乎全錄郭象註。此則大有別於《義海》與《莊義要刪》片斷援引郭註之現象。

B. 就前人之注隨文提出糾謬者

約有十二條之多，此雖有近《義海》者，但亦見焦竑《莊子翼》體例特色之一，此分就《莊子翼》及〈筆乘〉兩方面分言之。：

a.《莊子翼》之糾謬者

如〈人間世〉「顏回見仲尼」節引須溪注以糾前人之謬者：

> 而目將熒之，色將平之，兩語極一時流遁之狀……口將營之，……容將形之……皆人情展轉所必至者，舊解多失之。（卷二，頁二七七）

又〈天地〉「孝子不諛其親」節引《循本》曰：

> ……舊解因『所適』二字，遂連前一節讀之，而欲改『缶鍾』為『垂踵』，謬矣！此「所適不得」，亦是因上文粘綴下來。上文「所適者」，人之行也；此「所適者」，樂之行也。（卷三，頁三五二）

案：《循本》所謂舊解者，乃指郭註、呂註、《口義》、〈管見〉等家，蓋諸家注皆認為「缶鍾」即「垂踵」之傳寫訛誤。由於焦竑此段僅引郭象註，故郭象首當衝為其糾謬之對象。

又〈至樂〉「支離叔與滑介叔觀於冥佰之丘」節引《循本》云：

> （俄而柳生其左肘）柳者，障柩之柳，《檀弓》『周人牆置翣』注：牆，柳衣也。……或以為柳為楊柳之柳，恐於文義不相貫。（卷五，頁三九五）

案：所謂「或」者，乃指呂註也，呂以為「柳」者，乃易生之物也。（卷五，三九四）

又〈則陽〉「舊國舊都」引徐士彰云：

> ……解者以容成為古聖人，非也。（卷六，頁四六二）

案：容成者，乃黃帝時造曆之人耳，此乃糾《口義》之非也，《口義》即以容成氏為聖人。（見義海卷八三，頁六七〇引）

b.〈筆乘〉之糾謬者

至於〈筆乘〉中批評前人注《莊》或解《莊》之誤者，亦達十一處之多；其所糾之對象者，分別為：解者俱失之（〈齊物論〉）、傳寫者誤（〈人間世〉）、皆傳寫之誤（〈駢拇〉）、鄭（玄）為臆說（〈馬蹄〉）、舊解（指《釋文》）甚鑿意（〈天道〉）、舊註非是（〈天道〉）舊解失之（〈繕性〉）、舊註多謬（〈山木〉）、郭論為非（〈田子方〉）、舊解……（〈外物〉）、解者多屬臆說（〈天下〉）等等。

姑且不論焦竑《莊子翼》所糾者是否正確，單從此隨文糾謬之體例而言，即可窺見焦竑經營《莊子翼》之理念方向。

C. 融合三教不廢訓詁者

焦竑於裁取眾家注之內容時，其儒道互補之觀念雖和《莊義要刪》一致，然亦有其主觀之傾向（詳下節），除了融釋儒、佛、道之義理外，亦不廢考證訓詁，乃至以文評《莊》者，可謂相容並畜，其中考訓、文評則特重在宋明注家之采擷。至於對道教義理之裁取，雖然〈筆乘〉中引《真誥》為說一條，但考諸《莊子翼》中涉

及道教之理者，則如鳳毛麟角，少之又少。考其原因，蓋焦竑以爲道教黃白男女之說，並非道家之正傳，故不錄也。

四、《莊子翼》全錄郭註爲獨尊郭象注說然否

焦竑《莊子翼》承《義海》、《莊義要刪》而另闢蹊徑者，首爲全錄郭象《注》。以此後世或有據以斷焦竑之全錄郭象，且首郭象注者，乃尊郭象之至也，準此以爲《莊子翼》之思想依據是來自郭象注，主是說者，如近人連清吉先生者屬之。連先生於〈焦竑莊子翼及其在日本流傳情形〉一文中，除表達此一思想理念，並列〈齊物論〉焦竑〈筆乘〉以「因之一字，老莊之要旨」比擬郭象「適性」說；又引〈大宗師〉焦竑〈筆乘〉以郭象之解「役人」尤較呂吉甫等諸家之解尤爲覈，以爲焦竑尊郭之證也。

（一）《莊子翼》全錄郭註非獨尊郭象

然竊考焦竑《莊子翼》之內容，實非如此，考諸如下：

1.《莊子翼》引他註指郭註之非者

考《莊子翼》較明顯指稱郭註之非者，爲數實不少，如：

〈逍遙遊〉「北冥有魚」節於郭、呂、《口義》、〈管見〉諸注之後引《副墨》曰：

> 去以六月息，生物以息相吹，二息字同義，謂氣息也。……諸注以六月爲半年，以息爲止息，只爲不曾理會下文耳。（卷一，頁二四三）

此則明指郭象（含《口義》、〈管見〉）之以「一去半歲至天池而（休）息」爲錯誤之解。又〈齊物論〉「吾生也有涯」節引郭註：

> ……必也忘善惡而居中，任萬物之自然，悶然與至當爲一，故刑名遠己，而全理在身也。緣督以爲經，順中以爲常也。……（卷一，頁二七〇）

然引〈管見〉則云：

> ……『督』字訓中，乃喜怒哀樂未發，非善惡兩間之中也。（卷一，頁二七一）

以正郭註之非。又〈天地篇〉「蔣閭勉見季徹曰」節引方思善注云：

> 案溟涬乃言鴻蒙之世，無爲之治，即〈雲將篇〉：『大同乎溟涬』之謂也。……諸家注乃有云：自貴者（郭象之注）、有云：低頭甘心者（《口義》之注）、有云：無分別者（〈管見〉之注），似失之。」（卷三，頁三四八）

其中云「自貴者」即郭象之注。又〈外物〉「外物不可必」節引洪邁註云：

> 大而闇則多累，小而明則知分，子瞻所引，乃曰：郭象以爲大而闇，

不若小而明，陋哉斯言也；⋯⋯非論其明闇也。（卷六，頁四七二）

亦明指郭注為非。又〈山木〉「孔子困於陳蔡之間」節引〈管見〉曰：

> 『道流而不明居，得行而不名處』兩句，停勻分讀，義自顯然。郭註
> 乃於『明』字下著註，故後來解者多因之。唯呂氏從『居』、從『處』為
> 句，甚當。蓋『得』應是『德』、『名』應是『明』，庶與上文義協。（卷五，
> 頁四一○）

2. 〈筆乘〉指郭註之非者

前引五條資料，焦竑皆假他註以論郭註之非，或以為間接例證，不足探也，然
焦竑〈筆乘〉亦有直指郭論為非者，如〈田子方〉「列御寇為伯昏無人射」節〈筆乘〉
曰：

> 羅勉道云：適矢復遝者，矢去而復遝前矢也；方矢復寓者，矢方發而
> 後矢復寓於弦上也。范無隱則謂：方矢猶方舟之方，並也，言並執之矢，
> 已寓於弦，非寓杯水於肘上也。郭論為非。（卷五，頁四二○）

其次於注釋中亦有明糾郭註之謬者，如〈逍遙遊〉「肩吾問於連叔」節後之注釋〈筆
乘〉云：

> 時，是也。女，即汝字。⋯⋯郭註謂如處女之為人所求。甚謬。（卷
> 一，頁二四七）

又〈刻意〉「古之人在混茫之中」節注云：

> 『心與心識知』為句，郭注非。（卷四，頁三七九）

皆屬之。諸此皆可為焦竑《莊子翼》並非獨尊郭象注之佐證也。

3. 《莊子翼》註解立場與郭象不同者

再者，焦竑《莊子翼》所錄諸注雖皆以郭象注為首，然此例《義海》、《莊義要
刪》率已先之，明此體例有所承繼。此外焦竑《莊子翼》尚大量援引了呂惠卿、《循
本》、《管見》、《副墨》、《新傳》等注，其〈筆乘〉亦附其中，且多涉佛理；文中亦
有兼取佛家思想者。如釋何謂「逍遙遊」意者，同時援引了郭象、支道林儒佛兩派
不同之說法。案郭象以「適性為逍遙」之觀念，完全是立於「名教即自然」之觀點，
為維護晉朝門閥階級之立場而發；而支遁則以「即色是空」解逍遙，認為唯有「明
至人之心」，「即世而不為物累」，方是真逍遙，此係針對破郭象「小大適性說」而立
言者，知焦竑立場明顯和郭象不同。

他如郭象主「獨化論」，認為萬物自生自化自得，而無所謂的真宰在主宰萬物（卷
一，頁二五一）。然〈齊物論〉中焦竑除了援引郭注，同時亦引了《副墨》「分明是有

眞宰之主張者」之說。二家注主張顯完全不同，而焦竑並引之，足證其並非獨尊郭注一家耳。

4. 焦竑以郭注有剽竊向秀注之嫌者

此外，焦竑對郭象注亦頗有微詞，認爲其注有剽竊向秀注之嫌。焦竑於〈向秀多勝語〉曰：

> 郭象注，《世說》謂爲向秀本，象竊之耳。其自注者，獨〈秋水〉、〈至樂〉兩篇。《世說》去晉未遠，當得其實。……〔註1〕

焦竑既有鄙郭象者，自不獨尊之，若有所尊者，亦向秀耳。唯明時僅行郭象注本，且向、郭二家注早已混而爲一，此《莊子翼》之不錄向注而獨郭象注者然也。

（二）《莊子翼》全錄郭註的原因與版本及時代風氣有關

然而何以在不獨尊郭象注之前題下，《莊子翼》又全錄郭象注呢？審其原因有二：其一是郭注乃《莊》注中保存最早且最完全之版本，亦是最具權威之本子（向注不傳）；其二是風氣使然，蓋明代學者多黜他說，獨尊郭本也。如《南華眞經評注》、《南華經薈解》者，皆是宗郭者。明·馮夢禎爲《南華眞經評註》作序即說明此風曰：

> 近世金陵·焦弱侯並行《老莊翼》，蓋全收郭註而旁及諸家，趙女吳娃俱充下陳；餘則去諸家，而單宗郭氏，迴頭一顧六宮無色〔註2〕。

馮氏認爲歷代注《莊》諸家中，唯有郭象注義精奧淵深，其高處有發莊子所未及者，並以日月譬諸《莊》文、郭注；而以繁星、燭火、螢光譬諸家之注，譏焦竑博采眾說於郭象注之後，是「趙女吳娃，俱充下陳」，不免泛濫而通涉也」。可見焦竑並未如連先生所謂獨宗郭注者，亦可見明有盛宗郭注之風。郭良翰於《南華眞經解》中更直指明世獨尊郭本之實。郭氏云：

> ……蓋《南華》之尊爲經也，解者無慮數十家，愈解亦不可解也，則不解之解，解而不解，微乎！微乎！蓋難言之，於是世始盡詘諸子，孤行郭子玄之說，昔之人至謂非郭注《莊》，乃《莊》之注郭，迨於今玄風大暢（晉清談三玄，明清談孔、孟），……世謂：夷光一顧，六宮無色；余謂：金輪易工，阿睹難寫。……〔註3〕

故在此宗郭之風下，焦竑自不免受其影響，足見焦竑《莊子翼》之全錄郭象注實有其時代背景之因素也。

〔註1〕見《古今圖書集成》〈經籍典〉，卷四三七，〈莊子部〉，頁4407。
〔註2〕見《南華眞經評注》，頁17。
〔註3〕見《南華經薈解》，頁17～21。

五、小　結

綜之，焦竑《莊子翼》著書之體例，大抵以《莊義要刪》、《義海》爲依據，並參采他書，更爲之增補刪削而成者。嚴格言之，其整個體例架構並非十分完備，且時有訛誤並浮而不實之現象。然單就其首題解（內七篇）、次段落附難解字句之注釋、並及各家之注、末結以總論之結構者，則較諸《義海》、《莊義要刪》稍勝者。蓋《義海》無題解，其〈管見〉又動輒累牘長篇之論，尤不精簡；而《莊義要刪》每於〈管見總論〉之後又列其增補之注家，輒見拖泥帶水之跡也。唯其援引之內容，特以郭象、呂惠卿、《循本》、《副墨》、《管見》、〈筆乘〉等六家爲主（詳下節），餘則或有特出幾條者，頗有充其量只爲聊備家數（《提要》評）之嫌者，尤其是宋人之注，其所采者，更不及《義海》十分之一。故若就保存《莊》注資料而言者，實有其不足之處〔註4〕。

〔註 4〕焦竑《莊子翼》參採《義海》之書目者，由於據《莊義要刪》者多，故其內容原比《義海》少，茲將其所稱引之條數和《義海》比對，表格臚列於后，以見其稱引之梗概：

	褚伯秀《南華眞經義海纂微》				焦竑《莊子翼》				備　註
	內篇	外篇	雜篇	合計	內篇	外篇	雜篇	合計	
郭　象	五五	一一	七五	一四一	六二	一二	八二	一五六	《莊子翼》除郭象注增錄外，餘所引錄大多不及《義海》引注之十分之一。
呂吉甫	五六	一一	七八	一四五	四一	一〇八	八四	二三三	
林疑獨	五六	一一	八四	一五一	九	五	七	二一	
陳詳道	四九	五四	○	一〇三	五	十四	○	十九	
陳碧虛	五三	一一	八四	二五○	二	十三	八	二三	
王　雱	四	○	○	四	○	○	○	○	
劉　概	一	三	六	一〇	一	三	六	十	
吳　儔	二	○	三	五	○	○	一	一	
趙以夫	五四	○	○	五四	五	○	○	五	
《口義》	五一	一	八三	一三五	五	十二	六	二三	
李士表	二	一	○	三	二	一	○	三	
王　旦	二	○	○	二	二	○	○	二	
范無隱	三	○	○	三	一	○	○	一	
〈管見〉〈管見總論〉	六三	一二四	八七	二七四	二一	三八	十九	七八	

第二節　焦竑《莊子翼》徵引書目之分類

　　《莊子翼》博采眾說，其編撰雖以《義海》、《莊義要刪》爲底本，然其取裁仍有主觀之意向。在未進行資料分類之前，先將《莊子翼》采集諸家注之情況，表格臚列之。主要是以題解及集解爲主，唯注釋部分凡原承《莊義要刪》而出者，或沒前人之說而出者，或尚不知其出處者，皆不在表列之內。茲列表如後：

書目（內篇）	郭象	呂吉甫	林疑獨	陳詳道	陳碧虛	王雱	劉概	趙以夫	《口義》	李士表	王旦	范無隱	《管見》	《管見總論》	《新傳》	《循本》	劉須溪	荊川	徐士彰	《副墨》	《評莊》	《通義》	《補註》	支道林	《肇論》	江遹	《丹鉛錄》	《筆乘》
逍遙遊	七	三	一						一		一		三	一	二		一			一			一				一	四
齊物論	十二	十	三	一	一			二	一	一			三	一	二	一	二	二	一	二			一				一	六
養生主	五	三	二				一			一			一	二			一			一								二
人間世	十	三	二	一					一		一	一	二	一	二		二	一		二	一	一	一					六
德充符	六	二	一	一					一				二	一	一		一			二			一	一				二
大宗師	十五	十四		二	一			二					二	一	二	二	二	一		一		一			一			三
應帝王	八	六						一	一					一			一			一						一		三
合計	六三	四一	九	五	二	〇	一	五	五	二	二	一	十三	八	九	三	十	四	一	十	一	二	四	一	一	一	二	二六

備註：

1、內篇主要以郭象、呂吉甫、《筆乘》、《管見》、《循本》爲主，其次是劉溪須、《副墨》、林疑獨、《新傳》，再其次是陳詳道、趙以夫、《口義》、荊川、《補註》，餘特出一、二條而已。

2、書目引王雱注內篇，然核其實，則無雱注。

3、書目稱劉概繼雱注外雜篇，然內篇〈養生主〉卻引概注一條。

4、書目不見列《評莊》，而〈人間世〉則引有《評莊》一條。《評莊》條據嚴靈峰《莊子知見書目》稱乃明‧張居正作。

書目（外篇）	郭象	呂吉甫	林疑獨	陳詳道	陳碧虛	劉概	《口義》	李士表	《管見》	《管見總論》	《新傳》	《循本》	劉須溪	徐士彰	《副墨》	《通義》	《補註》	方子及	方思善	向秀	崔譔	張湛	江通	蘇子瞻	〈筆乘〉
駢拇	五	五	一				一			一									一						一
馬蹄	三	三								一		三	一												一
胠篋	四	四	一				一			一	一	一								一					一
在宥	七	五	一							一		三	一		三									一	
天地	十五	十二		三	三	一	二	一	三			三			四			一							
天道	十	十		三					一		一	二					一								二
天運	八	七		二							一	一	一		三										一
刻意	三	二																	一						
繕性	四	四																							一
秋水	十三	十		三	二		二		五		一		一		二										
至樂	六	五	一		三		一		一	一	二				一								一		
達生	十四	十二	二		二	一			六		一	一	四		一				一			二	五		一
山木	九	八	一		二		二				一	一			一								一		一
田子方	十一	十			二		一				一												一		
知北遊	十一	十一	一				二				一	四			一		二		二				一		一
合計	一三三	一〇八	五	十四	十三	三	十二	一	二三	十五	九	二六	四	一	十四	一	三	二	五	一	一	三	九	一	十
備註	外篇則以郭象、呂吉甫、〈管見〉、《循本》爲主，其次是陳詳道、陳碧虛、《副墨》、《口義》、〈筆乘〉、江通，再其次是林疑獨、方思善、劉概、《補註》、張湛，餘李士表、徐士彰、崔譔、蘇子瞻各出一條而已。																							

書目（雜篇）	郭象	呂吉甫	林疑獨	陳碧虛	劉概	吳儔	《口義》	《管見》	〈管見總論〉	《新傳》	《循本》	劉須溪	荊川	徐士彰	《副墨》	《通義》	《補註》	《丹鉛錄》	方子及	方思善	江遹	司馬彪	洪邁	陸德明	〈筆乘〉
庚桑楚	十二	十二	二	一			一	三	一		三	二			一								一		一
徐無鬼	十四	十四	一			一	一	二	一	二	六				二					一	一				一
則陽	十一	十一	一					三	一		五	一	一												
外物	十二	十二	三				一	二	一		四	一	一		三		一		二				一		一
寓言	六	六		一							三								一						
讓王	三	四	二	三	一		一	一	一	一	一									一				一	
盜跖	三	三	一	一				一									二								
說劍					一		一																		
漁父	一	一																		一					
列御寇	十四	十三					一		一	二	七				一									一	二
天下	六	七	一		一						六												一	一	一
合計	八二	八四	七	八	六	一	六	十二	七	五	三五	四	二	一	五	四	二	三	二	五	三	一	三	三	六
備註	雜篇則以郭象、呂吉甫、《循本》、〈管見〉為主，其次是陳碧虛、林疑獨、〈筆乘〉、劉概、《口義》、《副墨》、《新傳》、方思善、劉溪須，再其次是《丹鉛錄》、江遹、洪邁、陸德明、荊川、《補註》，餘吳儔、徐士彰、司馬彪皆出一條耳。																								

根據上表之顯示，《莊子翼》所援引之資料，主要是以郭象（二六八條）、呂吉甫（二三三條）、羅勉道《循本》（八二條）、褚伯秀〈管見〉（七八條）、焦竑〈筆乘〉（四二條）、陸西星《副墨》（三十條）等六家為多。其次是陳碧虛、林希逸《口義》、王雱《新傳》（皆二三條）、林疑獨（二一條）、陳詳道、劉須溪（十九條）、劉概、江遹、方思善《莊義要刪》（皆十條）；再其次是張四維註（九條）、朱得之《通義》（七條）、唐荊川（六條）、趙以夫、《丹鉛錄》（五條）、徐士彰、方子及（各四條）；再其次李士表、張湛、陸德明、洪邁等僅各間出三條；而司馬彪、崔譔、向秀、支遁、《肇論》、吳儔、范無隱、蘇子瞻、張居正《評莊》等皆僅各出一條而已。其中王雱內篇則無注。諸家見引之比例相當懸殊，然亦大抵可窺及《莊子翼》采摭之思想傾向。焦竑是編雖有承《義海》及《莊義要刪》者，但並非完全照單全收，仍有其采摭之主觀意向。焦竑既以《老》、《莊》之為言，乃在補孔、孟之不足（〈莊子翼敘〉），而其本身又是位精研佛理之學者；加以面對心學日益空泛之現象，其不廢六經、乃至考據訓詁，是必然之勢；而融合儒、道，或援佛為解之思想內容，焦竑亦併采之，呈現具多元化與綜合性特色之《莊子》集註。

以下就儒、道、佛、文四方，概述焦竑《莊子翼》采摭之狀況：

一、以儒解《莊》者（儒道合一論）

援道入儒之風，孔老時已有交會，如《史記‧孔子世家》言「（孔子）適周問禮，蓋見老子云……」與《史記‧老莊申韓列傳》亦有「孔子適周，將問禮於老子……」云者，知於某種程度上，孔子有援道補儒之經驗；其後儒家門人荀子鑒於當時「亡國亂臣相屬，不遂大道，營於巫祝，信機祥。」（《史記本傳》），因而吸收融合道家之「自然義」而作〈天論〉，提出「天人相分」之觀點，文中開宗明義即有：「天行有常，不為堯存，不為桀亡，應之以治則吉，應之以亂則凶」之論，認為天乃無意志，僅是一種自然現象而已，所以人當與自然分工合作，善用自然為我所用。此「天道自然，人道自強」說中之「天道觀」，顯就道家「天地不仁，以萬物為芻狗；聖人不仁，以百姓為芻狗。天地之間，其猶橐籥歟！」（《老子》第五章）及「天無私覆，地無私載。」（《莊子‧大宗師》）之「自然義」而來。及至東漢班固作《漢書藝文志諸子略序》，論及「道家者流」，亦以儒家「堯之克攘，《易》之謙謙」之道，謀合道家「秉要持本，清虛以自持，卑弱以自守」之謙道。可見《莊子》於先秦兩漢對儒學之滲透，其中或有引之補儒，或論儒道互通之觀點，皆顯示《莊子》一書之於當世之影響力。

而援儒入道之詮釋方式，除莊文本身論及儒家人物外，亦早在兩漢之際即已蔚

然成風，可見儒道思想之交通，自古由然；此風見於道家作品之註解者，若西漢嚴君平之《道德指歸》、河上公之《老子章句》者，即大量援引當時已陰陽五行化之儒家學說，以作爲其思想理論之根據；及至魏、晉時期之玄學，更以融合儒道爲其思想課題。當時王弼《老子注》即是本著「聖人體無，無又不可訓，故不說也。老子是有者也，故恒言所不足。」（《三國志‧鍾會傳》注引）〔註5〕之理念，援儒入《老》，企圖調和二者間之矛盾性，完成其「名教出於自然」之中心思想。然而將儒家思想大量引入《莊子》注者，則是向秀之《莊子隱解》，而非郭象。以向秀本已與郭象注本混合而不別，故今論《莊子》注者，則首郭象。流及唐‧韓愈以「莊子之學出於〈田子方〉，推其源於子夏」〔註6〕，後人率以莊子乃孔門之徒視之；又受東坡「莊子陽擠孔子，而實陰助之」之說影響〔註7〕，遂匯成宋、明融通儒道之流。

　　焦竑在此風氣吹拂下，亦認《莊子》之作乃爲補孔、孟之不足者，故於資料之取裁，自有所輕重。在其所徵引書目中有「以儒釋道」或「儒道合一」論之傾向者，計有向秀、郭象、陸德明、呂惠卿、林疑獨、陳詳道、吳儔、陳碧虛、劉概、林希逸、王旦、范無隱、褚伯秀、江遹、羅勉道、陸長庚、朱得之、楊慎、洪邁、焦竑〈筆乘〉等十九家之多，雖然匯通宗旨爲一，然命題之略有不同。

（一）《莊子翼》援儒入道之命題

1. 以名教即自然、有爲出於無爲之命題者

　　其中有本《莊子》「通天地之統，序萬物之情，達死生之變，而明內聖外王之道」（郭象〈莊子注序〉）之論點，論證名教即自然，有爲出於無爲，適性逍遙者。

　　如〈逍遙遊〉「堯讓天下於許由」節引郭注曰：

> 爲之出乎無爲也。……若謂拱默山林之中，而後得稱無爲者，此《老》、《莊》之談所以見棄於當塗。（見《莊子翼》卷一，頁二四六，以下僅標卷、頁）

又「肩吾問連叔」節引郭注云：

> 聖人雖在廟堂之上，然其心無異於山林之中。（卷一，頁二四七）

其他主有爲出於無爲者，尚有呂吉甫、王旦、〈管見〉等（〈逍遙遊〉注，卷一，頁二四六～二四七）。如〈讓王〉「昔周之興有士二人處於孤竹」節引劉概注曰：

> 「或足屨堯門，與夫身居畎畝者，無殊致矣。」（卷七，頁四八九）

〔註5〕見《三國志》，卷二八，〈鍾會傳〉附注引〈何邵、王弼傳〉。轉引自牟中三《中國哲學》十九講，頁242。

〔註6〕韓愈之說參葉國慶《莊子研究》〈儒家派〉，頁112。

〔註7〕《莊子祠堂記》見《莊子翼》附錄，頁527。

〈達生〉引〈管見總論〉：

> 至若岩谷清修廟堂事業；內而養生，外而治人，亦不過美人倫與教化，
> 同歸乎道德之理而已。（卷五，頁四○七）

亦以名教即自然說，以證「內聖外王」之不迕與「儒道合一」論者。又釋〈逍遙遊〉引郭象注曰：

> 夫小大雖殊，而放於自得之場，物任其性，事稱其能，各當其分，逍
> 遙一也。（卷一，頁二四二）

〈至樂〉「顏淵東之齊」節引碧虛注曰：

> 受命自然不可勸成，其猶小囊，詎能豈可容大？稟質定分不可遷適，
> 其猶短綆，詎能引深？……人有賢愚，故莫能一；事有古今，故莫能同。……
>
> （卷五，頁三九六）

二家皆從「適性當分」以論天分命定之合理性，此即魏晉玄學「名教即自然」之命題，亦成為宋代理學人性論內涵之一。在焦竑所援引之書中，如〈逍遙遊〉「惠子謂莊子曰」節引陳詳道注；〈至樂〉「莊子之拯楚」句引碧虛註；〈達生〉引〈管見總論〉之內容，皆呈現這種「獨化于玄冥」之理論趨勢。

2. 其次從莊子為孔門之徒，尊孔者莫如莊子之角度而出題者

如〈天下〉篇引劉概〈總論〉云：

> 莊子思欲復仲尼之道，而非仲尼之時，遂高言至道，以矯天下之卑，
> 無為復樸以絕天下之華，清虛寂寞以拯天下之濁，……（卷八，頁五一九）

〈田子方〉「莊子見魯哀公」節引呂注亦云：

> 莊子數假孔子問學於老聃之徒，以明所謂聖智者，非至道之盡也。此
> 言不發，則學者無以知尊孔子之實。（卷五，頁四一八）

又〈讓王〉引劉概〈總論〉云：「莊子非不知尊孔子，而踐盜蹠也。……」（卷七，頁四九五）是皆欲附《莊子》於孔子者，亦表現融合儒道之思想傾向。

3. 其次是援引《詩》、《易》、《禮》、《春秋》、《左傳》、《論》、《孟》、《大學》、《中庸》等儒家經典來解《莊》者

如釋〈逍遙遊〉「夫子固拙於用大」〈筆乘〉曰：

> ……蓋人性本一，用之不同。用之巧則消搖矣，用之拙則拘繫矣。孔
> 子所言：性相近，習相遠，即此意也。（卷一，頁二五○）

釋〈應帝王〉「古之帝王之不可相」句引王旦注云：

> 孔子曰（應是子夏曰，語出《論語》）：君子有三變，望之儼然；及其

即之又變而爲溫然；聽其言也，又變而爲厲矣，是豈可執一而相哉？（卷一，頁三一七）

釋〈則陽〉「莫爲、或使」句引《循本》注云：

莫爲，莫有爲之者，《孟子》曰：莫之爲而爲者，天也；或使，或有使之然者。《孟子》曰：行或使之（然者）。（卷六，頁四六九）

是皆引儒家經典爲證《莊子》之語。

而〈盜跖〉篇引《丹鉛錄》注云：

邵堯夫云：莊子〈盜跖〉篇言事之無可奈何者，雖聖人無如之何？庖人雖不治庖；屍祝不越樽俎而代之，言君子思不出其位。楊中立云：〈逍遙遊〉一篇，子思所謂君子無入而不自得；〈養生主〉一篇〈孟子〉所謂行其所無事。能以此意讀《莊子》，所謂圓機之士可與之論九流矣。世之病莊子者，皆不善讀《莊子》者也。（卷七，頁四九五）

認爲只有儒道合參者，始可讀《莊子》，亦欲合儒道爲一家。

他如援引林疑獨、陳詳道、林希逸、褚伯秀〈管見〉、〈管見總論〉、《副墨》等等亦皆有援引儒家經典來解《莊》者，旨在論證《莊子》與《六經》之不可分；《莊子》之言虛無，亦並有益世教也。

4. 再者有以宋理學「窮理盡性」及明心學「良知」之說解《莊》者

前者如〈逍遙遊〉引宋・褚伯秀〈管見總論〉注云：

是篇首論鯤鵬、蜩鳩、靈椿、朝菌、知年小大，皆窮理之談；末舉大瓠以虛中自全，大樗以深根自固，喻盡性以至於命。學道之大成而入乎神者也。（卷一，頁二五〇）

後者如釋〈德充符〉「以其心得其常心，物何爲之最之哉」句，引明・朱得之《通義》注云：

言其初以天德良知得見此心時，如遊子歸家，既到家乃知固有事業。

（卷二，頁二八八）

所謂「盡性至命」、「天德良知」皆理學命題，而此以儒解《莊》之詮釋乃《莊子翼》取材之大宗，由中稍可窺知歷代以儒解《莊》之取向，及焦竑本身致力於融通儒道（包括儒家內部之融合）之用心。

二、以佛解《莊》者（援《莊》入釋者）

佛教自兩漢之際傳入中國，即有自我「道家化」之比附，如牟子《理惑論》中

稱：「佛乃道德之元祖」；或以佛理即道理之指稱方式〔註8〕，可見佛道初步融合之跡。然而真正最早與《莊子》有直接關連性的，乃魏、晉時期傳入中國之「大乘空宗般若學」者。其旨以「色」標識物象，以「空」指稱本體〔註9〕，甚類《莊子》（道家）之「有無」思想。主要表現於援引《莊子》之學以比附佛典義理之「格義」方式及融合佛道之理解上，象徵著玄佛合流之趨勢；亦開啟唐、宋、明儒「以佛解《莊》」之風氣〔註10〕。

焦竑《莊子翼》書目中「以佛解《莊》」者，計有支道林、《肇論》、陳詳道、《新傳》、唐荊川、《副墨》、張四維《補註》、李士表和〈筆乘〉等九家。

這一時期佛學亦與《莊子》發生密切之關聯，無論其「格義」之法，或般若學，皆有借助《莊子》之處。《莊子》思想豐富般若學，般若學亦對莊學之發展產生影響。

如釋〈逍遙遊〉引支道林云：

夫逍遙者，明至人之心也。莊生建言大道而寄旨鵬鷃，鵬以營生之路曠，故失適於體外；鷃以在近而笑遠，有矜伐於心內；至人乘天正而高興，遊無窮於放浪，物物而不物於物，則遙然不我得，玄感不為，不疾而速，則逍然靡不適，此所以為逍遙也。若夫有欲當其所足，足於所足，快然有似天真……（卷一，頁二四五引）

支遁〈逍遙遊論〉，乃係針對郭象「小大適性說」而立言的。《高僧傳・支遁傳》謂：「遁常在白馬寺與劉系之等談〈逍遙篇〉，云各適性以為逍遙。遁曰：不然，夫桀、蹠以之殘害為性，若適性為得者，彼亦逍遙矣。」〔註11〕故另注此〈逍遙遊〉義，以真正之逍遙乃在於「明至人（無己）之心」。其思想根據乃依《道行般若經》之「色」、「空」之旨義以比附《莊子》「忘玄無心」之逍遙遊論，顯較郭象接近莊生之旨。故梁劉義慶於《世說新語・》稱支遁之以佛理解《莊子》之《逍遙遊》義者，為「卓然標新理於二家（郭象、向秀）之表，立異義於眾賢之外」，乃「向、郭之注所未盡」者也。

又〈大宗師〉釋「藏舟於壑山於澤，謂之固矣，然夜半有力者負之而走，昧者不知也」句引僧肇《肇論》曰：

莊生之所以藏舟，仲尼之所以逝川，斯皆感往者之難留也。何者？人則謂少壯同體，百齡一質，徒知年往，不覺形隨，是以梵志出家，白首而

〔註8〕見謝顯《中國佛教思想資料選編》，頁3。
〔註9〕參馮達文《回歸自然──道家的主調和變奏》，頁252。
〔註10〕參黃師錦鋐〈歷代莊子注〉、《中國歷代思想家（五）──莊子》，頁74～76。
〔註11〕南朝梁釋慧皎《高僧傳》，卷四，轉引自湯一介《郭象與魏晉玄學》，頁88。

歸，鄰人見之曰：「昔人尚存乎？」梵志曰：「吾猶昔人非昔人也。」鄰人皆愕然，非其言也。所謂有力者負之而趨，昧者不覺而斯之謂歟。（卷二，頁三〇二）

僧肇〈物不遷論〉本著大乘般若中觀之思想，一面從時、空、運動等方面以論證事物之虛幻不真，終極爲「空」。一面又以「吾猶昔人，而非昔人也」強調事物之不變、不遷性，其旨主在論證動靜一如。僧肇援《莊》入佛，所象徵者乃是玄、佛分流，佛學獨立之來臨；然焦竑之援引者，卻是致力於佛道之相通相融性。

又釋〈德充符〉「夫保始之徵，不懼之死，勇士一人，雄入九軍」句，引陸長庚《副墨》注云：

……死生何足以懼之？昔劉高學道，有神人謂之曰：君心力精猛，必破死生。學者知死生事大，猛者精采奮然勘破，如勇夫有不懼之實，便可雄入死生，縱橫無礙，此出離生死學問，莊生等閑於此發出，當時四竺之經未至，而佛法已在中國。孰謂佛者夷狄之一法哉？（卷二，頁二八八）

陸長庚以「道一觀」爲破自兩漢以來視佛教爲夷狄之教者，論證所謂「佛法」，實存《莊子》一書中。

而〈人間世〉引〈筆乘〉云：

士彰曰：〈養生主〉是出世法，〈人間世〉是住世法。余謂出世而後能住世，《老子》所謂執古之道，以御今之有也。（卷二，頁二八六）

此混「世出世入」爲一法之說，則表現焦竑主佛道合一論之思想取向。於內七篇中，除〈應帝王〉外，餘六篇皆有引佛義者；其他外篇中〈天地〉、〈天運〉、〈繕性〉、〈至樂〉；雜篇〈庚桑楚〉、〈則陽〉、〈外物〉、〈列御寇〉等篇，亦皆有佛道合參之援引。而〈筆乘〉四二條中，引佛以證《莊》者，則有七條之多，諸此皆足以見焦竑取材之傾向，有著力會通佛道者。而其於〈逍遙遊〉同時援引郭象注及支遁說，亦呈現融會三教於一家之思想傾向。

三、以道解《莊》

以道解《莊》者，除以《莊》解《莊》外，自司馬遷「以莊釋老」稱莊子「其學無所窺，然其要本歸於《老子》之言」、「(莊子) 著書十余萬言，大抵率寓言」，主在「明老子之術」後（《莊子翼》〈附錄〉，頁五二四），歷代之注《莊》者，輒見引《老》以明《莊》者。若「魏・正始中何晏、王弼等祖述老、莊，立論以爲『天地萬物皆以無爲本』」（《晉書》卷四三《王戎傳附王衍傳》），論及「有」、「無」思想，輒常「以老釋莊」，引老子之「無」釋莊子「以無爲本」之說。

　　至宋・陳景元立於消除物累對於修道之重要性上，將《莊子》與道教之煉養方法匯通，爲《莊》學注入時代之風貌。迨及明季，焦竑本身亦認同《史記》之說法，稱「老之有莊，猶孔之有孟」（〈莊子翼敘〉，頁二三六）即視《莊子》爲《老子》之注疏。

　　此外在《莊子》本文中，論及列子者，計有十九次之多，分別見於〈逍遙遊〉、〈齊物論〉、〈至樂〉、〈達生〉、〈列御寇〉、〈讓王〉、〈漁父〉等七篇中，且內容頗多和《列子》相似或相通者〔註12〕。故以《列》解《莊》者，亦順其自然地成爲一種趨勢；再者，《莊子》外雜篇中存有長生久視之語，逐爲神仙家、道士所重視，遂有以道書比附《莊子》者〔註13〕。諸多以道解《莊》之層面，焦竑亦並將之呈現在其所徵引之崔譔、呂惠卿、褚伯秀、趙以夫、陳詳道、李士表、劉須溪、江遹、張湛、陳碧虛、蘇軾、《副墨》、〈筆乘〉等諸家注中。

（一）《莊子翼》以《老》解《莊》者

　　如〈養生主〉「爲善無近名，爲惡無近刑」句，引呂注云：

> （《老子》）夫天下皆知美之爲美，斯惡矣；皆知善之爲善，斯不善矣。……（卷一，頁二七〇）

釋〈大宗師〉「知天之所爲，知人之所爲者至矣」句，引王雱《新傳》云：

> 知天人之所爲者，以不知知之也。以不知知天，則達於無爲之妙理；以不知知人，則盡於有爲之極致，此即《老子》「無欲觀妙，有欲觀徼」之說也。（卷二，頁二九六）

皆引《老子》以證《莊子》之說。

（二）《莊子翼》以《列子》解《莊》者

　　直接引張湛、江遹《列子》注爲說者是也。

（三）《莊子翼》以道書解莊者

　　如釋〈外物〉「木與木相摩則然」及「水中有火乃焚大槐」句，引《副墨》注云：

> 五行之氣，唯火最烈，《參同契》云：木火同侶，火陰根陽，寄位於木，因動而發，反傷其母，故木與木相摩則然。《陰符》云：火生於木，禍發必克是也。即金性至堅，與火相守，亦爲所爍，使陰陽錯雜，鬱而不紓，則雷擊霆奮，水中起火，乃焚大槐。（卷六，頁四七二）

是以陰陽五行相生復相剋之理，以明事物之變化。或以爲陰陽五行爲儒家陰陽化之思想是以儒解《莊》。然《參同契》者本身即是融合《周易》、黃、老、爐火於一家

〔註12〕參學長簡光明《莊子口義》，頁97。
〔註13〕參黃師錦鋐〈歷代莊子注〉、《中國歷代思想家（五）──莊子》，頁77。

之書。借《周易》爻象以附合道教練丹、修養之說爲道教丹經之祖；而《陰符經》乃合陰陽五行之成分，以明道家自然界變化之現象，亦是道書中一種，是故將之入「以道解莊」之列。

又釋〈外物〉「皆摵可以休老」，焦竑〈筆乘〉注云：

> 案：《眞誥》云：時以手按目四眥，令見光，分明是檢眼神之道。久爲之，見百靈老形之兆發於目，披摵皴紋，可以沐浴老容。（卷六，頁四七八）（案：此注出自碧虛）

亦是援道書以入《莊》者之例。

四、以文評《莊》者（含音義、訓詁）

以文評《莊》者乃是宋、明《莊子》注之**趨勢**，主從文字結構中或分章析句上，探討《莊子》之隱義及其文趣〔註14〕。若音訓、考訂、輯佚、……等等，著重闡發《莊子》義理外，亦注意《莊子》本身之主要思想。焦竑《莊子翼》采摭書目中，可明顯歸爲此類者有晉・司馬彪注、宋・林希逸《口義》、宋劉辰翁、宋・羅勉道《南華眞經循本》、明・陸西星《南華眞經副墨》、楊愼《丹鉛錄》、焦竑〈筆乘〉等，尤以《循本》爲多。

（一）在訓詁考據方面

有著重音訓者，如〈盜跖〉篇引楊用修云：

> 舊註：「馮音憤，憤滿也。按『馮』當音如『馮河』之馮。……」（卷七，頁四九五）

有引史事以爲證者，如釋〈外物〉「不可必」引《口義》注云：

> 桀、紂之時賢不肖，均於被禍，是不可必也。（卷六，頁四七一）

有詳人、物、地名之考證者，如釋〈讓王〉「舜以天下讓善卷」句引《循本》注云：

> 今常德府、武陵縣、南蒼山有善卷壇。宋政和中賜號「遁世高蹈先生」，郡守李燾爲〈壇記〉，壇之近仍有其墳。（卷七，頁四八六）

有詳辨字形、字義者，如〈駢拇〉「臧與穀二人相與牧羊而具亡其羊」句引陳詳道注云：

> 羊之爲物，群而不黨，恭而有禮。制字者，以羊從言爲善，羊從大爲美，誠有取爾也。莊子以亡羊爲失道之喻。（卷三，頁三二二）

〔註14〕《澹園集》，卷二三，〈經籍志──道家〉，頁655。

有以古證今，或以今證古者，如釋〈駢拇〉「博塞」之名詞，引《口義》注云：

投瓊曰博，不投曰塞，猶今骰子也。（卷三，頁三二二）

有考訂佚文，校正訛誤者，如〈人間世〉「孔子適楚」節〈筆乘〉云：

「吾行郤曲」當從碧虛作「郤曲郤曲，無傷吾足」，庶與上文相協。蓋由傳寫者誤疊「吾行」二字耳。（卷一，頁二八五）

（二）其次是以時文評騭《莊》文者

如：〈齊物論〉「南郭子綦」節引《循本》云：

〈齊物論〉風之形，似從筆端寫出，非化工之手不能。……（卷一，頁二五二）

〈齊物論〉「莊周夢蝶」引劉須溪云：

夢覺齊，人物齊，小大齊，是非齊，生死齊，盡矣。他人於此必在「齊」上收煞，（莊子）卻冷轉一語，翻盡從前話柄曰：「周與蝶必有分矣。」（卷一，頁二六九）

是皆以文章家之口吻來評騭《莊子》者，呈現宋、明以來注《莊》之另一種風貌。

五、小　結

從以上簡略分類，大致可以看出焦竑《莊子翼》在采摭資料上之傾向。其一是著力於三教之融通，由是書采摭內容兼及三教之理可證也。其次是落實「混外中」之主張，於重內修（義理），同時亦不廢實學，以正泰州後學「空談心性」之缺失，下啓清代實學之端，由其大量援引考訓音義方面之資料亦可證也。此外由其采通代《莊》注之形式，亦能窺及歷代注《莊》之趨勢，呈現注《莊》學術之演變。

唯其在〈達生〉「紀渻子爲王養鬥雞」節引江遹注有「若老聃之降胡俗」（卷五，頁四〇四）之說，不免有華夷之辨，與其「道，一也」之思想互爲矛盾；又〈天地〉篇「天地雖大，其化均也」節引〈管見〉有「此老君西昇告尹喜之言」（卷三，頁三四〇）、〈在宥〉「黃帝立爲天子十九年」節引蘇軾〈廣成子解〉有「無爲」、「無思」、「無欲」、「三者具而形神一，形神一而長生矣」、「去長生之本」、「去長生之害」等語（卷三，頁三三五）、〈外物〉「靜然可以補病」節列〈筆乘〉有引《眞誥》「時以手按目四眥，令見光分明，是檢眼神之道。久爲之，見百靈老形之兆發於目。披搣皺紋，可以沐浴老容。」（卷六，頁四七八）爲說等等，是皆涉及長生之理論，亦與其「九流唯道家多端，昔黃、老、列、莊之言，清虛無爲而已，練養服食，所不道也……豈有

長生哉〔註15〕？」之說相互抵觸，諸此矛盾處，乃焦竑采摭之疏失也。

第三節　焦竑《莊子翼》體例之得失

一、《莊子翼》體例之缺失

　　焦竑之著述，最爲《提要》所詬病者，除其深於道、釋外，便是引文不注出處。《提要》嘗針對《焦氏筆乘》提出十條例證，譏是書「多剿襲說部，沒其所出」，並指稱《獻徵錄》所「引據之書，或注或不注，亦不免疏略」〔註16〕。《提要》亦認爲《莊子翼》一書有剿竊之嫌，並引支遁註一例，謂「此乃明人改頭換面之技倆，不足爲憑」〔註17〕。

　　有鑑於《莊子翼》有資研《莊》之參考，故辨析其中訛正，則更顯格外重要。本單元特就《莊子翼》每段原文之後所標之小字注文及〈筆乘〉，繩之與《莊義要刪》《義海》等相關注《莊》之書進行考校，離析其中沒前人而出者，盡可能臚列於後。此外對於焦竑引諸家注中，有混張三爲李四之訛誤者、或隨意刪改引文者，亦隨文條例以明之，冀有所俾益讀《莊子翼》者分辨之矣。

（一）引文沒其出處者

1. 小字注文之部：

　　本單元捨孫應鰲《莊義要刪》原有小注，僅就焦竑所增之部分作比對，以探其注文之出處。

篇　章	注　　文	出　　處
〈逍遙遊〉	「堯讓天下於許由」節：「時」，是也。「女」即汝字。謂智有聾盲，即汝之狂而不信者也。郭註謂：「如處女之爲人所求」甚謬。（卷一，頁二四七）	案：以「時」訓「女」乃趙以夫之文，焦竑此注出自《義海》。〈管見〉云：「……獨『時女也』一句有二說。」郭、成（玄英）諸解並云：「猶及時之女，自然爲物所求。」但智之聾瞽者謂無此理。盧齋趙氏（以夫）以「時」訓「是」、「女」音「汝」。……（《義海》卷一，頁二七二）

〔註15〕見《提要》卷一二八，子部，雜家類存目五，頁2687，〈筆乘〉八卷提要。
〔註16〕見《四庫全書總目提要》史部，傳紀類存目四，卷六二，頁1364，《獻徵錄》一二〇卷，提要。除了《焦氏筆乘》、《莊子翼》外，他如《俗書刊誤》、《玉堂叢語》及《國史經籍志》亦皆有沒前人而出之缺失，分別見林慶彰《明代考據學》（頁309）、李焯然〈焦竑及其玉堂叢語〉一文及李文琪《焦竑及其國史經籍志》一書。
〔註17〕見《提要》卷一四六，道家類，頁3042，《莊子翼八卷，闕誤一卷，附錄一卷》提要。

〈養生主〉	「吾生也有涯」節： 趙（以夫）註：奇經八脈，中脈爲督。衣背當中之縫，亦謂之督。見《禮記》「深衣」註。（卷一，頁二七〇）	案：自「衣背」以下，爲〈管見〉之文。（見《義海》卷五，頁三一一）
〈人間世〉	「顏回見仲尼請行曰」節： 術與述同，江南古藏本作「術」。（卷二，頁二七五）	案：此碧虛《闕誤》早已言之。（《莊子翼》卷八《闕誤》）
〈人間世〉	「南伯子綦遊之商丘」節： 麗，屋棟梁也，當作「欐」。高名，即高明大家也。（卷二，頁二八三）	案：「麗」之注，乃〈管見〉之文，而「高明」之注，則出自《口義》（《義海》卷九，頁三三五）。
〈人間世〉	「顏回曰吾無以進矣」節： 「符」指性而言。楊雄〈答賓戲〉：「慎修所志，守爾天符。」正言性與天合，如符券然也。（卷二，頁二七七）	案：此注乃羅勉道之文（見《循本》卷五，第六，頁一四〇）
〈德充符〉	「魯有兀者王駘」節： 登假，呂氏音「遐」，言得此道者，去留無礙而升於玄遠之域也。《列子穆王篇》：「登假」字（並）讀，同「遐」可證。（卷二，頁二八六）	案：此乃省〈管見〉之文而出。其「言得此道者」至「玄遠之域也」，乃〈管見〉所云，而非呂之註。（見《義海》卷十一，頁三四一）焦竑裁取《莊義要刪》引《義海》注，宜有此誤。（見《莊義要刪》，卷二，第五六）
〈德充符〉	「申徒嘉兀者也」節： 「彀中」言羿箭端之所直，乃必中之地也。故曰：中地子。「無乃稱」，言我已知，子不必更言也。（卷二，頁二八九）	案：「彀中」之注，乃《口義》之文；「無乃稱」之注，則爲《補註》之文。（見《莊義要刪》，卷二，第五九引）
〈駢拇〉	「駢拇枝指出乎性哉」節： 多方，多端也。列於五藏，如肝神仁、肺神義之類。「多方駢枝於仁義之情」（當爲「五藏之情」）此「多方」字疑衍。多方於聰明之用，「方」字亦疑衍。以下文「多於聰明者」證之可見。（卷三，頁三一九）	案：自「多方」至「列於五藏」爲《口義》之文。而自「多方於聰明之用」以下，則是〈管見〉引用碧虛之注文。（見《義海》卷二三，頁四〇一）
〈在宥〉	「黃帝立爲天子十九年」節： 千百歲，李淳風《主物簿》云：「千二百歲謂之大剋。」一曰：「陰陽之小紀也。」（卷三，頁三三四）	案：此乃碧虛之註文。其中《主物簿》，碧虛原作《天元主物簿》（見《義海》卷三一，頁四三五）
〈天地〉	「堯治天下」節： 無落無事，言無慶吾耕也。俋俋，低首而耕之狀。（卷三，頁三四五）	案：「無落無事」之注者，爲《口義》之文。（見《義海》卷三六，頁四五九）
〈天地〉	「門無鬼與張滿稽觀於武王之師」節： 「脩」當作「羞」，進也。（卷三，頁三五〇）	案：此乃《口義》之注文。（見《義海》卷三八，頁四七一引）

〈天運〉	「孔子四遊於衛」節： 昧，……或疏作「魘，夢中怪也。」 （卷四，頁三六九）	案：此乃據〈管見〉之引文而來。其中「或疏」者乃是「成法師疏」之誤。（見《義海》卷四，頁五〇五）
〈則陽〉	「長梧封人問子牢曰」節： 「齊」與「分劑」同，耕法也。（卷六，頁四六四）	案：此條乃省《管見》之注文而來。（《義海》卷八四，頁六七四）
〈外物〉	「莊周家貧」節： 「監河侯，《說苑》作「魏文侯」。「邑金」，采邑之租金。「紺」，《廣雅》云：鰌也。「波臣」，猶水官。「任公子為大鉤」段：「懸令，猶賞格言求合其所示之令格也。（卷六，頁四七二）	案：「邑金」與「波臣」之注為《口義》之文。「監河侯」之注則為《管見》之文。而自「懸令」以下，亦屬《口義》之注文。（見《義海》卷八七，頁六八九）
〈讓王〉	「堯以天下讓許由」節： 「幽憂」，高誘云：「幽，隱也」，《詩》云：如有隱憂是也。（卷七，頁四八五） 〈讓王〉「中山公子牟謂瞻子曰」節：	象，魏觀。闕，國君之門。《淮南子》作「魖闕」。許慎云：天子之兩觀也。（卷七，頁四八七） 案：此二注亦沒《管見》而出者。（《義海》卷九三，頁七一三及卷九四，頁七一七）
〈盜跖〉	「孔子與柳下季為友」節： 「縫衣」，逢掖之衣。「大袂」，禪衣也。張其屍曰：「磔，流烹也。」（卷七，頁四九二）	案：此乃沒《管見》而出者。（《義海》卷九五，頁七二四）
〈列御寇〉	「列御寇之齊」節： 「多余之贏」，《列子》作「無多余之贏」，當從之。（卷八，頁五〇〇）	案：此說碧虛已考其先。（《莊子闕誤》）
〈繕性〉	「繕性於俗學」節： 「俗學」上舊兩「俗」字，今從張君房本。（不重「俗」字意）（卷四，頁三七七）	案：此見陳碧虛《莊子闕誤》引張君房校本之文。
〈繕性〉	「古之人在混茫之中」節： 「心與心識知」為句，郭註為非。（卷四，頁三七九）	案：劉辰翁（須溪）已先發是論。（見陳鼓應《莊子今註今譯》，頁四四七引）
〈繕性〉	「古之存身者，不以辨飾知」節： 「存行」一作「存身」，非也。（卷四，頁三八〇）	案：〈管見〉已先發是論。（見《義海》卷五一，頁五二七）
〈達生〉	「田開之見周威公」節： 拔彗：范無隱云：「拔讀如拂」（卷五，頁四〇二）「齊」與「臍」同。左氏：「噬齊」亦作「齊，水漩入處，汩，水滾出處也。」（卷五，頁四〇四）	案：上注為〈管見〉引無隱范先生云者。（《義海》卷五九，頁五六二）下注則為《循本》之文。（見《循本》卷十八，第七，頁四六五）

〈山木〉	「市南宜僚見魯侯」節：「無須臾離」絕句。（卷五，頁四○八）（《莊義要刪》已引之）	案：〈管見〉有云：「無須臾離居然不免於患」舊從「居」爲句，諸解多因之。今定從「離」爲句，「居」屬下文。足證焦之說乃襲《管見》而來。（《義海》卷六○，頁五七二）
〈山木〉	「孔子問子桑雽曰」節：「眞冷」疑「其命」二字偽書耳。（卷五，頁四一一）	案：此乃孫應鰲於引《義海》後之案語，「眞冷」二字強解欠通，疑「其令」字。（見《莊義要刪》卷七，第十三）
〈山木〉	「莊周遊乎雕陵之樊」節：「三月」當是「三日」，以項間照之可見。「從其俗」，碧盧本作「從其令」。（卷五，頁四一三）	案：此段乃〈管見〉引《音義》之注文。（《義海》卷六三，頁五八○）
〈知北遊〉	「天地有大美而不言」節：「今彼」，劉得一本作「合彼」。（卷五，頁四二三）	案：以上三注俱據〈管見〉之論而來。（分別見於《道藏》本《義海》卷六○，頁五九八，卷六七，頁六○○，卷六九，頁六○九）
〈知北遊〉	「舜問乎丞曰」節：「丞」，碧盧《音義》云：「古帝有王有四輔：左輔、右弼、前疑、後丞」，則「丞」者，官名也。（卷五，頁四二五）	
〈知北遊〉	「光耀問乎無有曰」節：「及爲無有矣」當是「無無」，傳寫之誤耳。（卷五，頁四三○）	
〈庚桑楚〉	「老聃之役有庚桑楚者」節：庚桑，太史公作「亢桑」，一作「亢倉」。畏壘，禹貢之羽山。見《洞靈（眞）經》。（卷六，頁四三四）	案：〈管見〉云：「『庚桑』，太史公作『亢桑』，一作『亢倉』，諸子中之一家也。唐朝冊封號《洞靈眞經》。其經云：『庚桑子居羽山之顚。』何粲註：『羽山在徐州』」。可見焦是注乃襲自《管見》之文。（《義海》卷七○，頁六一五）
〈徐無鬼〉	「管仲有病，桓公問之曰」節：「可不謂」，「不謂」《列子》作「不諱」。「上忘而不畔」《列子》作「下不叛」（卷六，頁四五一）	案：此二注亦是《管見》之注文。（見《義海》卷七八，頁六五○及卷八二，頁六六四）
〈徐無鬼〉	「故足之於地也踐」節：「楊榷」《漢書》楊榷古今註：「揚，舉也。榷，引也。舉而引之，陳其趣也。」（卷六，頁四五七）	

2.《莊子翼》〈筆乘〉沒前人而出者

焦竑《正續筆乘》所采有關解《莊》之內容有沒前人之作而出者〔註18〕，其《莊

〔註 18〕焦竑〈焦氏筆乘〉間及《莊子》者，除「外雜篇多後人竄入」出自朱得之之說（詳第二章第一節）外，尚有四條亦有沒前人而出者，茲列舉於後以資參考：

條　目	〈焦氏正續筆乘〉	其　它	備　註
〈羊角〉	《莊子》：「摶扶搖羊角而上者九萬里。」「羊角」即摶扶搖之狀。《夢溪筆談》云：「恩州武成縣有旋風自西南來，望之插天如羊角，官舍居民悉卷入雲中。」又《志林》云：「眉州人家，畜數百魚，深池中，三十餘年。忽一日，天清無雷，池有聲如風雨，魚盡踊起，羊角而上，不知所往。」二事所紀，正與《莊子》同。（《焦氏續筆乘》卷三，頁6485）	羊角者，摶扶搖之形。《夢溪筆談》云：「恩州武成縣有旋風自西南來，望之插天如羊角，官舍居民悉卷入雲中。」又《志林》云：「眉州人家，畜數百魚，深池中，三十餘年。忽一日，天清無雷，池有聲如風雨，魚盡踊起，羊角而上，不知所往。」二事所紀，皆得《莊子》本意。（《循本》卷一，第九，頁25）	文義皆同。
〈九萬里〉	《莊子》：「摶扶搖羊角而上者九萬里。」此言北冥至天里數，若中土至天頂則又不止此。按考靈耀云：周天三百六十五度，四分度之一，每度二千九百三十二里，千四百六十一分里之三百四十八，圓周一百七萬一千里，以圍三徑一言之，直徑三十五萬七千里，此爲二十八宿直徑之數。又二十八宿之外，上下東西各有萬五千里，是爲四極之間，謂之四表。據四表之內并星宿內，總有三十八萬七千里之徑。天中央正半之，則一十九萬三千五百里，地在於其中，厚三萬里。春分之時，地正當中，自此漸漸而下；至夏至之時，地下萬五千里，地之上畔與天中平；夏至之後，地漸漸向上；至秋分，地正當天之中央，自此地漸漸向上，至冬至上游萬五千里，地之下畔與天中平；自冬至後，地漸漸而下，地常降於三萬里之中。四遊之說元出周髀文，渾天家未有，未知然否？但其以天度紐筭里數，似可爲據。又鄭元註《周禮》，以句股求表景，得八萬一千九十四里三十步五尺三寸六分爲天徑之半者，乃日下距地之里數耳。去以六月息者，鵬起北冥而徙南冥，經行半周天之里數，故止消半年而息，以見鵬飛亦合天度也。（《焦氏續筆乘》卷三，頁6491）	九萬里者，言北冥至天之里數，若中土至天頂則又不止此數。按考靈耀云：周天三百六十五度，四分度之一，每度二千九百三十二里，千四百六十一分里之三百四十八，圓周一百七萬一千里，以圍三徑一言之，直徑三十五萬七千里，此爲二十八宿周圍直徑之數。又二十八宿之外，上下東西各有萬五千里，是爲四游之極，謂之四表。據四表之內并星宿內，總有三十八萬七千里之徑。天中央正半之處，則一十九萬三千五百里，地在於中，厚三萬里。春分之時，地正當中，自此漸漸而下；至夏至之時，地下萬五千里，地之上畔與天中平；夏至之後，地漸漸向上；至秋分，地正當天之中央，自此地漸漸而上，至冬至上游萬五千里，地之下畔與天中平；自冬至後，地漸漸而下，地常升降於三萬里之中。四遊之說元出周髀文，渾儀家未有，未知然否？但其以天度紐筭里數，似爲可據。又鄭玄註《周禮》，以句股求表景，得八萬一千三百九十四里三十步五尺三寸六分爲天徑之半者，乃日下距地之里數耳。去以六月息者，鵬起北冥而徙南冥，經行半周天之里數，故止消半年而息，以見鵬飛亦合天度也。（《循本》卷一，頁11～14）	文義皆同。

子翼》之〈筆乘〉亦然。茲考核其內容有掠人之美者，以格式之形式上下比對臚列於後：

篇　目	〈筆　乘〉	其　它	備　註
〈逍遙遊〉篇旨	〈筆乘〉：逍遙，古作消搖。黃幾復解云：「消者如陽動而冰消，雖耗也，不竭其本；搖也，如舟行水而水搖，雖動也，不傷其內。遊於世若是，惟體道者能之。」（《莊子翼》卷一，頁二四二）	楊慎：黃幾復解《莊子·消搖遊》名義云：「消者，如陽動而冰消，雖耗也，不竭其本；搖者，如舟行水而水播，雖動也而不傷其內。遊於世者若是，惟體道者能之」。（《莊子解》）	文義皆同而略增刪文字。播應是搖之誤。《丹鉛余錄》卷十三，頁三作水搖。
〈逍遙遊〉「湯之問棘」節	〈筆乘〉：至人知道，內冥諸心而泯絕無寄，故曰：無己。神人盡道，成遂萬而妙用深藏，故曰：無功。聖人忘道，神化蕩蕩而了不可測，故曰：無名。（《莊子翼》，頁二四六）	《南華眞經新傳》（以下簡稱《新傳》）：至人知道，內冥諸心，汎然自得而不累於物，故曰：無己。神人盡道，無有所屈，成遂萬而妙用深藏，故曰：無功。聖人體道，寞無爲，神化蕩蕩而了不可測，故曰：無名。（道藏本卷一，頁七八一）	文義皆同而略增刪文句。
〈成心〉	《莊子》〈齊物論〉：未成乎心而有是非，是今日適越而昔至也。成心，有見而不盧之謂。未成心，則眞性虛圓，天地同量。成心是已離於性，有善有惡矣。今處世應酬有未免乎成心，即當思而求之未成之前，則善惡皆冥，是非無朕，何所不齊哉！（《焦氏筆乘》卷二，頁6113）	按諸解多以成心爲善或以成心爲否，考之下文：未成乎而有是非，是今日適越而昔至，則成心者，是非分別之所自萌，不可以善言之也。愚嘗侍西蜀無隱范先生講席，竊聆師誨云：未成心，則眞性混融，太虛同量。成心則已離乎性，有善有惡矣。人處世間應酬之際，有不免乎成心，即當師而求之於未成之前，則善惡不萌，是非無朕，何所不齊哉！（褚氏《義海纂微》卷二，頁286）	文義率同。
〈齊物論〉	公孫龍子之說極可笑，然莊子時，卻自盛于世。如〈齊物論〉一篇，多是鬪其語，如是非彼是，因非因是，非指非馬，堅百同異，皆公孫龍之言。（《焦氏續筆乘》卷三，頁6485）	戰國時學術不明，是非蠡起，世道人心陷溺甚矣。儒者則必息邪說，距詖行，以闡先聖之道。《老》、《莊》之學，則但守吾天眞。初不與較，因其是而是之，因其非而非之，聽其不齊而自齊矣。此篇多是鬪公孫龍子，如是非彼是，因非因是，非指非馬，堅百同異，皆公孫龍子語。（《循本》卷十，頁45）	文義皆同，略更刪文字。

〈齊物論〉「以指喻之非指」節	〈筆乘〉：不用，不自用也。寓諸庸，因乎人也。庸即人之所常用，故曰：庸也者，用也。凡物不用則滯，用則通，故曰：用也者，通也。道至於通則得矣，故曰：通也，者得也，至於得則幾矣。而總之只是「因」之一字盡之也。又恐不明「因」之爲義，但觀徂公賦芧不自增減，而因眾徂之喜怒爲增減，非因而何？是以聖人，外則因人，而和之以是非；內則休乎無是無非之天鈞，不以跡之有是非，而礙其心之無是非，所以謂之兩行也。（卷一，頁二五九）	《副墨》：唯知者知通爲一，……通一無二則自是不用而寓諸庸，是不用者，不用己是也。寓諸庸者，因人之是也。蓋無物不可，無物不然，故庸眾之中，皆至理之所寓。……夫庸則常而可用矣，故曰庸也者用也。凡物用則通，不用則滯，故曰用也者通也。……道至於通，則得之矣，故曰通也者得也。適，至也。至於得則幾矣。所以然者，因是而已。是不用而寓諸庸，即因是也。因是而不知其所以然之謂道，道者自然而然。因是而不知其所以然，則忘物忘我，渾然通而爲一，夫是以謂之因。（頁一〇二～一〇三）	文義有參用《副墨》者。
〈齊物論〉「今且有言於此」節	〈筆乘〉：無適焉，因是已。言自無適有者，識風鼓浪，展轉不窮，爲是爲非竟無子歇。……（卷一，頁二六二）		「識風鼓浪，展轉不窮」之語乃出自《副墨》。（卷一，頁九六）
〈齊物論〉「夫道未始有封」節	〈筆乘〉：不稱、不言、不仁、不嗛、不忮，歷引古語以證之五者。至德渾成，名相不立，此所謂圓也。若道昭、言辨、仁常、廉清、勇忮，則圭角太露而近於方矣。方即畛也，噫！世知不知之爲至，不知知而不知爲尤至。所謂不言之辨，不道之道是也。此則有即無；色即空，豈非注而不滿，酌而不竭，不知其所由來之天府乎？葆光即知而不知之謂。（卷一，頁二六三）	《副墨》：……（此）五者之德，其機本圓。若昭焉、辨焉、常焉、清而忮焉，則太露圭角幾於向方矣。用是觀之，則知大知者，必不知也。故人能止其所不知，則其知至矣。今天下之人皆以不知自愧，往往強所不知，雄其辨以相示。又孰知有不言之辨、不道之道，謂之天府耶？蓋言之辨、不道之道，即不知之知也。何謂天府？天府者，注焉而不滿，酌焉而不竭，而不知其所自來。……葆光，即滑疑之謂，不知之知	文義有多處引用《循本》之語。

		也。然所謂不知，非茫然一無所知也。以恬養知，藏其知於不知也。故曰葆光。（頁一二一）	
〈齊物論〉「瞿鵲子問乎長梧子曰」節	〈筆乘〉：「奚」，何不也。屬下句讀。「弱喪」《禮記》二十曰：「弱喪，亡失也」。「且暮遇之」，言有知之者，雖萬世之遠猶如且夕，甚言其難得也。古言「千里而一聖，猶比肩也」語意亦如此。（《莊子翼》卷一，頁二六二）	《補註》：奚，豈必也，屬下句讀。（孫應鰲《莊義要刪》卷一，第五八引）《循本》：「弱」，《曲禮》二十曰：「弱喪，亡失也」。弱喪，少年亡失其家不知所歸也。……以萬世爲且暮，言難遇此人，恐終無有，若萬世之後一遇之，猶且暮之近也。（卷三，頁一○三～一○五）	文義增刪《補註》、《循本》而來。
〈齊物論〉	〈筆乘〉：〈齊物〉篇始之以無彼我、同是非、合成毀、一多少、均大小而己。及其言之至，則次之，以參古今、一生死、同夢覺，千變萬化而歸於一致，所謂明達而無礙者也。然而物我齊之則可，至於夢覺則何以同之歟？夫晝之所爲與夜之所夢一也，然晝以覺，夜以寐，小有不同也，積久而通，則晝所爲，夜所夢，茫然無所分別矣。（《莊子翼》，頁二七○）	《新傳》：莊子〈齊物〉之篇，始之以無彼我、同是非、合成毀、一多少、齊大小而己。及其言之至，則次之以參年歲、一生死、同夢覺，千變萬化而歸於一致，所謂明達而無礙者也。夫物之不齊，物之所同然也。莊子能明其本而齊同之，是覺天下之未覺也。然而物我齊之則可也，至於夢覺則何以同之歟？夫晝之所爲與夜之所夢一也，然晝以覺，夜以寐而小有不同也，積久而思則晝所爲，夜所夢，茫然無所分別矣。（道藏本卷二，頁七九○）	文義皆同而略爲增刪文句。
〈養生主〉「老聃死秦佚弔之」節	〈筆乘〉：案佛典有解此者曰：火之傳於薪，猶神之傳於形；火之傳異薪，猶神之傳異形。前薪非後薪，則知指窮之術妙；前形非後形，則悟情數之感深。惑者見形朽於一生，便謂神情共喪，猶睹火窮於一木，便謂終期都盡可乎？（《莊子翼》卷一，頁二七四）	慧遠〈形盡神不滅論〉：火之傳於薪，猶神之傳於形；火之傳異薪，猶神之傳異形。前薪非後薪，則知指窮之術妙；前形非後形，則悟情數之感深。惑者見形朽於一生，便以爲神情俱喪，猶睹火窮於一木，謂終期都盡耳。（謝顯《中國佛教思想資料選編》，頁八五）	文義皆同。

〈人間世〉「顏回曰：吾無以進矣」節	〈筆乘〉：為天使、為人使，與未始得使，及得使之使相應，顏子聞虛為心齋也，而霍然有悟，故曰：「回之不能運動如意者，有我也，能運動如意者，無我也」。夫子嘆其盡善，而又告之曰：「女能遊其樊而無動於名意，合則言，不合則止，廣大而無門，澹泊而無毒，一處之以不得己焉，則幾矣」。「幾」者，幾於無我也。 「絕跡」以下重發此義。不行而絕跡則易；行而不踐地則難。「為人使」則有我，故易偽。「為天使」則無我，故難偽。夫知不以知，如人之行不以步，鳥之飛不以翼者，天使之也，此所謂虛也。室虛則白生，心虛則道集，蓋非有吉祥也，而吉祥莫大焉。人之安身棲志，釋此無歸矣，而尤然不止，非坐馳而何？「坐馳」如言陸沉之類。蓋人心自止而橫執以為不止，是猶之馬伏槽櫪而意鶩千里，即拱默山林祗滋其擾耳。夫耳目內通則無聞；見外於心知，則無思為。如此則可言虛而鬼神來舍矣，況於人乎，此所以命萬物之化而不化于物，古聖人所為，服行終身者也。（《莊子翼》卷二，頁二七八二七九）	趙註：唯道集虛，虛則眾理之所會，此之謂心齋。顏子豁然而悟曰：不能運動如意者，有我也。能運動如意者，無我也，夫子嘆其盡善而又告之曰：汝能入其國中而不為名所動，合則言，不合則止。 碧虛注：廣大曰無門，理趣淡泊曰無毒。 趙註：一處之以不得已，則庶幾為絕跡易，無行地難。亦寓於不得已之意。為人使則有心，故易以偽。為天使則任理，故難以偽。以無翼飛，無知知，是不疾而速，不行而至也。闐者虛空之性，虛室白生，泰宇發光也。吉祥止止禍亦不至福亦不來也，若有徼福之心是謂坐馳矣。 碧虛註：身坐閑堂內懷好惡，是猶馬伏槽櫪馳意千里矣。 詳道註：夫苟不止，則雖拱默山林亦坐馳也。夫耳目內通，則無聞無見，外於心知，則無思無知。知如此則虛極靜篤，鬼神來舍，況於人乎？此所以命萬物之化而不化物，古聖之所服行終身者也。 （見《義海》卷八，頁三二四、三二五）	增刪碧虛、趙以夫及陳詳道之註而略為增刪文句。
〈人間世〉「以巧鬥力者，始乎陽，常發乎陰」節	〈筆乘〉：夫傳兩喜兩怒之言而不敢溢者，凡以善終之難，不得不謹其始耳。觀鬥力者，始陽卒陰；飲酒者，始治卒亂。則知人之相與，）	《副墨》：此下教以事當慎始。……故以巧鬥力者，始乎陽，常卒乎陰。……飲酒者，始乎治也，而常至於亂。……推之凡事莫不皆	文義有參引《副墨》者。

	始於信卒乎鄙，事之在人，始於細卒乎大者，其必至也。夫一言之發，激怒於人，非風波乎？人既激矣，將行其怒，非實喪乎？故忿之設也無由，曰：巧言偏辭每每過實，不擇正理，如獸之畏死不擇好音。氣息茀然而出，則聽者並生厲心而忿從此設矣。剋者責人太切，核者認真太甚，本以望人之美也，而人或以不肖之心應之，於是而知止焉可也。而不知其然，則積忿成患，將不知其所終矣。終，則前所謂卒乎鄙、卒乎巨者也。君命之將率意遷改，事之未成，勉強以勸，此即溢美溢惡之言，故曰：「過度，益也。」溢則傳者殃，能無殆乎？美成在久者，成人之美必優遊深交，久乃可入也。惡成不及改者，一言僨事，並生心厲，悔將無及也。夫人喜為溢言者，意必存懷而不能虛焉，故耳。乘物遊心則忘己，託不得已則忘物。斯則因其命而致之，我無心也。何必有所作為以還報哉？夫子告葉公或以為次於顏子，而實不能外於虛也。（卷二，頁二八一）	然始乎諒（信），常卒乎鄙。初以誠信相結，既乃鄙詐之心生焉。是皆作始者不知所慎。……故忿之設也無由，巧言者基之。巧言偏辭，不擇正理，漫然矢口而成。喻如懼死之獸，不擇好音，氣息茀然而出。於是聽其詞者並生心屬忿所由生。……若乃心行艱險，剋核太甚，人皆苦其不堪，則必以不肖之心應之。應雖在彼，致實在我。早自省改，或可善終。今而尚不知其然也，不知其然，吾將不知所終也。已行可不慎乎哉？……無遷令、無勸成，承君之命而來，傳其常情而已。不可率意遷改，事之成否，聽其自然而已。不可急遽勸成，蓋以過度則益，益則殆事。且使以傳兩君之好，成人之美者，必優遊漸漬而深交之，然後其言可入。故曰：美成在久。若一言僨事，兩心生厲，惡戾一成，改悔何及。故曰：惡成不及改，可不慎歟？吾子若能乘有物之感，而遊心於無物之天，……托於命義之不得已，何所作為，然後可以為報耶？……（頁一八六～一八八）	
〈人間世〉「孔子適楚」節	〈筆乘〉：吾行郤曲，當從碧虛作「郤曲，郤曲，無傷吾足」，庶與上文相協，蓋由傳寫者誤疊「吾行」二字耳。（《莊子翼》卷二，頁二八五）	〈管見〉：「吾行郤曲，無傷吾足」，諸本皆然。「郤」多音「隙」，獨碧虛如字。復正經文作「郤曲，郤曲」，庶協上文，元本應是如此，傳寫差謬，誤疊「吾行」二字，識者自能鑑之。（《義海》卷十，頁三三七）	文義皆同而略增刪文句。

〈德充符〉「魯有兀者王駘」節	〈筆乘〉:「受命於地」至「唯舜獨也正」,文句不齊,似有脫略,《張君房校本》作「受命於地,唯松柏獨也正,在冬夏青青,受命於天,唯堯、舜獨也正,在萬物之首。」補亡七字,因《郭註》有「下首唯松柏,上首唯聖人」,故也。今以「松柏獨也在,舜獨也正」句亦自文順而義全矣。(《莊子翼》卷二,頁二八八)	〈管見〉:又「受命於地」至「唯舜獨也」,正文句不齊似有脫略,陳碧虛照《張君房校本》作「受命于地唯松柏獨也正,在冬夏青青;受命於天,唯堯舜獨也正,在萬物之首。」補亡七字,文順義全。考之《郭註》下首唯有松柏,上首唯有聖人,則元本經文應有「在萬之首」字,傳寫遺逸。(見《義海》卷十一,頁三四一)	文義皆同而略增刪文句。
〈德充符〉「魯哀公問於仲尼曰」節	〈筆乘〉:望如月望之望,圓足飽滿之義。和而不倡,不見其能首事也。知不出乎四域,不見其有遠略也。祿位才貌,舉皆無之,而致雌雄交歸焉。非使物保而物自保之也。是何人也,疑其所以動人者何在?純子之喻,言形不足愛而使其形者可愛也。母愛以使其形者為本,戰以武為本,行以足為本。哀駘它所以存而見任,去而見思者,有本故耳。才即《孟子》降才之才,才未全者率喜於自衒,才全則德內足矣,奚形之有死生存亡窮達貧富賢與不肖毀譽飢渴寒暑,雖其變若彼,然求其所以為之者而不得,故謂之命也。苟知其始所以為之者,則獨何能無概然,今其變雖日夜遞遷,了無停息,而其所始即智者莫能求之,所謂未始有始者也。知其未始有始,而又何至滑吾之太和於吾之靈府也耶!「兌」如《老子》塞其兌之兌,和豫通而不失於兌,與物為春而日夜	〈循本〉:望如月望之望,飽滿圓足之義。……和而不唱,不見其能首事也。知不出乎四域,不見其有遠略也。……夫子設喻以對。純子乳於死母之前,少焉皆棄之而走。以為目之瞬,不見已也,形之僵不類已也。是有其形者,不足愛而使其形者真可愛也。戰死不資翣,刖?無人愛,是無其本者無所用,而有其本者,斯可用也。知此則它之可愛而可用者,蓋必有在矣。……然則它也是必才全而德不形者也,才即《孟子》所謂降才之才。……夫才全者,其天自定,不隨物遷,故死生存亡,家道貧富賢不肖毀譽飢渴寒暑,皆事情之變,與天運相為流。……蓋未始有始也者,混合和融,一而不分,謂之滑和。……何謂德不形,曰:平者,水停之盛也。水平,故萬物盡準焉。然平則內能自保,停者外不搖蕩。水之平,猶德之和也。夫德者成和之修	文義增刪《循本》、劉辰翁(須溪)注而出。案:釋「才」為《孟子》天之降才意者,《口義》已先發是論。

	無隙，即所謂不形者也。如此，雖日接萬變皆動，而不失其時矣。水停而平，則萬物準之平，則能內自保，停則外不搖蕩，水之平猶德之和也。是和也，修之已而成，故曰成和之修。物不能離，又解不形之意，及一而不分，死生無變之謂也。(卷二，頁二九二)	也。德即和德修之，已而而成焉者也。其曰：不形者，言物不能離，即一而不分，死生無變之意。(頁二二九～二三二) 劉辰翁：兌如《老子》塞其兌之兌。(頁四四)	
〈大宗師〉「古之真人寢不夢」節	〈筆乘〉：出世為出，即生也、來也、始與受也。返造化為入，即死也、往也、終與復也。知其始之未始有始也，則不忘其所始矣。知其終之未始有終也，則不求其所終矣。如此，則可以出入造化，遊戲死生。而奚悅與惡之有？心捐道者，心一有所變即捐道矣。道無生死，而人有二心，非棄道而何？人助天者，即《老子》「挾其所居，厭其所生」，求益於有生之外者也。而真人不然。則知怖死生、求出離，猶為第二義也。(《莊子翼》卷二，頁二九八)	《副墨》：出，出世也。入，反造化也。二字本《老子》「出生入死」。……往，即入也，來，即出也。不忘其所始，不求其所終者，知其始自未始有始以來，則其終也亦歸於未始有始而己，更不必求。今之求其所終者曰：吾以脩為求證聖果便是有我，有我則不能與道合，真喜而受之。受，受命而生也，忘而復之。復，復命而死也。既曰其出不訢，又曰喜而受之，卻不相反。蓋不訢即承上不悅生而言，曰受而喜之，是言有生之後常自懽喜快樂，初無戚戚不滿之意，及其復也，亦自以寂滅為樂，而忘其為死，此便是生死無變於己，蓋心一有所變則捐道矣。道無生死，而人有二心，非棄道而何？不以人助天者，即《老子》所謂「挾其所居，厭其所生」，求益於有生之外者。真人只知養其自然而己矣。觀此一段，則知今之畏生死而求修証者，猶落第二義，非空到也。(頁二四八～二四九)	文義皆同而略增刪文句。

〈大宗師〉「若然者其心志」節	〈筆乘〉：「志」字趙氏正爲「忘」字與「容寂」義協，其論似當。（《莊子翼》卷二，頁二九九）	〈管見〉：「志」字諸解多牽強不通。趙氏正爲「忘」字與「容寂義協，其論甚當。（《義海》卷十四，頁二五七」）	文義皆同。案：此注雖沒《義海》而出，然其文句實是根據《莊義要刪》之內容而來。唯「其論似當」《莊義要刪》作「其論甚當」耳。（見《莊義要刪》卷三，第七）
〈大宗師〉「大道有情有信」節	〈筆乘〉：大宗師者道也，至此方明說出道無形、無爲也，而曰：有情有信者，自有以觀其徼者言之也，情，靜之動，信者，動之符，即《老子》其中有信之信也，太易者，未見氣；太初者，氣之始，未見氣爲父，則氣者母也。北斗，天之綱維，故曰維鬥。堪壞，神名，人面獸形。《馮夷清冷傳》曰：華陰潼鄉隄首人服八石得水仙，是爲河伯。一云：以八月庚子浴於河而溺死。肩吾，山神，不死。至孔子時，黃帝得道登天，即鼎湖上升之事。玄宮，北方之宮。《月令》曰：其帝顓頊，其神玄冥是也。禺強，海神，《山海經》曰：北海之渚有神，人面鳥身，珥兩青蛇，踐兩赤蛇，名禺強。西王母，《山海經》曰：狀如人，狗尾蓬頭，載勝喜嘯，居洮水之涯。《漢武帝內傳》：西王母與上元夫人降帝，美容貌，神仙人也。少廣，山名，一云西方空界之名。傳說一星在尾上，言其乘東維騎箕尾之間也。箕斗爲天漢津之東維。（《莊子翼》卷二，頁二九九）	《副墨》：至此方說出大宗師者道也，夫有物混成，先天地生，聖人不得已而強名之曰道，無形也、無爲也，而卻有情、有信者何？老子曰：恍兮忽其中有物，杳兮冥其中有精，其情甚眞，其中有信。……莊子之學得之老子，直下便說有情有信，何謂有情有信，自有欲以觀其徼者言之也，情者，靜之動也，信者，動之符也。（頁二六四～二六六）林疑獨註：……太易者，未見氣；太初者，氣之始。未見氣爲父，則氣者母也。……（見《義海》卷，頁三六六） 「北斗」以下至「東維」全出自《釋文》（陸德明《音義》引）	文義乃集《副墨》、林疑獨註及《釋文》之注而來。
〈應帝王〉「肩吾見狂接與」節	〈筆乘〉：日中始人姓名。經之式、義之度皆	呂註：是猶涉海鑿河，不足以有成，便　負山	文義參呂註、林疑獨及趙以夫註而略增文句。

	所以正人也，而離性已遠，故謂之欺德。涉海必溺，鑿河難成，負山則不勝任，以欺德而治天下，亦猶此耳。聖人之治也，治因其自治而毋以正人為也，故曰：外乎正而後行，斷斷然盡其性命之能事而已矣。性命之能事，我無為而民自正之謂也。夫鳥鼠避患，曾不待教，況民之有知，豈不如二蟲，而必作為經式義度以拂亂其常性哉！（卷二，頁三一三）	不足以勝任也。 林註：古者聖人天下，使民各安居，物皆遂性，……民有常性使之盡分而已，何必作為經式義度，以拂亂其常性哉？ 趙註：我好靜而民自正，我無為而民自化，聖人盡其在我者而已，豈以治外為務哉？鳥鼠猶知避危就安而不待教，人而不若二蟲邪？（《義海》卷二十，頁三八七～三八八）	
〈應帝王〉「天根遊於殷陽」節	〈筆乘〉：豫即凡事豫則立之豫，言有先於為天下者也。無先之，而求為天下於天下，則後矣。與造物者為人，與化俱運任而不助也。乘莽眇出六極，凌虛履妙超陰陽也。遊何有處壙垠造道之域，居空同也。此即豫之道也。而猶不寤，故又明言以示之。遊心者，汎然自得而復於至靜也，故曰遊心於淡。合氣者，其息深深而歸於至虛也，故曰合氣於漠。此皆順物自然而不以己與之，故天下治，蓋無意於為天下，而為天下之道莫妙於此矣。（卷二，頁三一四）	碧虛：與造物者為人，有意自造也。乘莽眇出六極，凌虛履妙，超陰陽也。遊（無）何有處壙垠，造道之域，居空同也。（《義海》卷二十，頁三八九） 《新傳》：夫遊心者，汎然自得而復於至靜也。故曰：遊心於淡。合氣者其息深深而歸於至虛也。故曰：合氣於漠。大虛靜無為而又能與物不迕而不背公，此天下之所以自治也。故曰：順物自然而無容私焉，而天下治矣。（卷六，頁八一六）	文義出自碧虛註及《新傳》之文。
〈應帝王〉「鄭有神巫」節	〈筆乘〉：「不震不正」崔本作「不震不止」，（「全然」《列子》作「灰然」），「莫勝」《列子》作「莫朕」，「審」《列子》作「潘」。「封哉」《列子》作「封戎」，似與文義為優，當從之。（《莊子翼》卷二，頁三一七）	《釋文》：「不震不正」，並如字，崔本作「不震不止」，云如動不動也。「封」崔本作「戎」，云封戎散亂也。 林疑獨註：而中莫勝，《列子》所謂莫朕是也。 〈管見〉：衡至「莫勝」是「朕」無疑。三淵「審」	文義皆同。

		字，《列子》並作「潘」音「盤」，水盤洄也。（《義海》卷二二，頁二九六）	
〈駢拇〉「是故駢於明者」節	〈筆乘〉：案「纍瓦」作「纍丸」，「竄句」作「竄身」，「跂譽」作「毀譽」，「正正」作「至正」，「不爲跂」作「不爲岐」，斯理順文從，不煩強解矣，疑皆傳寫之誤。（《莊子翼》卷三，頁三二〇）	〈管見〉：竊詳經文「纍瓦」當是「纍丸」，「彼正正」者宜照上文作「至正」，「不爲跂」當作「岐」，皆傳寫之誤。（義海卷二四，頁四〇三）	文義皆同。
〈胠篋〉「嘗試論之，世人之所謂至知者」節	〈筆乘〉：「魯酒薄而邯鄲圍」。據許慎註《淮南子》：楚會諸侯，魯獻酒於楚王，魯酒薄而趙酒厚，楚之主酒吏求酒於趙，趙不與。吏怒，乃以趙厚酒易魯薄酒，奏之楚王以趙酒薄，圍邯鄲。（《莊子翼》卷三，頁三二七）	《循本》：又許慎註《淮南子》：楚會諸侯，魯獻酒於楚王，魯酒薄而趙酒厚，楚之主酒吏求酒於趙，趙不與。吏怒，乃以趙厚酒易魯薄酒，奏之楚王以趙酒薄，圍邯鄲。（卷十一，第三，頁二八八～二八九）	文義皆同。此段首解者爲《釋文》，《循本》具之增省。而《筆乘》所言則全仍《循本》，不加減一字。
〈天地〉「夫子問於老聃曰」節	〈筆乘〉：「若放」猶言相似也。孔子問於老聃曰：有人於此，其所居之道，若與聖人相似，可人之不可，然人之不然。善辨者嘗有言曰：離析堅白，是揭天宇，昭然可見，此人正如此。問：可以爲聖人乎？汝所不能聞，聽之所不及也，汝所不能言，言之所不到也，夫無心無耳無形無狀者，世知其無矣，今有首有趾，與無心無耳者，有形與無形無狀者，舉而盡無之，則汝之聽與言，將奚施乎？然吾所謂盡無者，非動止死生廢起皆與人異也，人動亦動，人止亦止，人死生亦死生，人廢起亦廢起，而卒不得命之曰有，則能忘之故	《循本》：孔子問於老聃曰：有人於此，其所居之道，若與聖人相似，可人之不可，然人之不然，善辯者嘗有言曰：離析堅白，如揭天宇，昭然可見，此人正如此問：可以謂之聖人乎？老聃曰：云云豈得爲聖人。又呼而告之曰：予告汝，以汝所不能聞，與汝所不能言，凡人所聞，有記，得有首有尾者，有聽，得無心如無耳者；所言有說得許多有形象者，有說從無形無影而如在面前者，凡此盡非眞有，皆是虛無。其所論動止死生廢起不過幻詭之言，又非其眞實。……既忘乎物，又忘乎天。天者物之所從出，併忘則忘之至也。世以多忘者名忘己，故名。此人	文義皆同而略增刪文句。

	也，既忘乎物，又忘乎天，天者物之所從出，併忘則忘之至矣，如此謂之曰：忘己。人之與天異者，以其有己也，己而忘之，非天而何？謂之入於天，此非聖人不能也。後面有「治在人」一句，應前有「人治道若相放」一句，文義甚明。（《莊子翼》卷三，頁三四七）	爲忘己。忘己之人是之謂入於天，言忘己則純乎天矣。後面有「治在人」一句，應前有「人治道若相放」一句，文義甚明。（卷十三，第九，頁三四○～三四二）	
〈天道〉「天道運而無所積」節	〈筆乘〉：「無所積」，無所滯留也。「帝道」即帝王天子之德，「聖道」即玄聖素王之道，與末相應。舊註以三皇五帝分屬者，非是。「六通四辟」，「辟」與「闢」同，言六合四方皆洞達也。「昧然」，聰明盡泯也。「平中準」，大匠取法者，如《周禮》匠人水地以縣是也。虛靜恬淡，寂寞無爲，天地將準焉，故曰：天地之平。「俞俞」即愉愉。「處」猶入也，自得則悲哀不能入，而形未嘗衰也。故曰：俞俞者憂患不能處，年壽長矣。「本」謂本根，言天地萬物皆從虛靜而生，故曰：萬物之本。此又推本言之，欲人知安身立命於此也。（《莊子翼》卷三，頁三五六）	《循本》：……無所積無留滯……。……昧然者聰明盡泯，六通四辟者如六合四方皆洞達……。……《周禮》匠人水地以縣……。（卷十三，第二十，頁三六三）成疏：聖道者，玄聖素王之道也。《新傳》：任事者，責矣則自得，自得則悲哀不能入，而形未嘗衰也。故曰：無爲則俞俞，俞俞者憂患不能處，年壽長矣。（卷七，頁八一九）	文義有增刪《循本》、成疏及《新傳》者。
〈天道〉「士成綺見老子而問曰」節	〈筆乘〉：棄妹，舊解爲末學，甚鑿意者。妹者棄蔬於鼠壤，老氏主於儉嗇，故責其暴殄而疏棄之。「生熟不盡於前，而積斂無崖」，即儉嗇之驗也。夫巧知神聖，尚存於胸中，則必有不合者矣。今解而脫之，呼以仁也可，呼以	《副墨》：棄妹，《鬳齋》以妹作昧，謂棄蔬於暗昧之地。似覺未安，不若直以妹解。蓋意妹氏棄蔬於鼠壤，老聖之德主於嗇。故責其暴殄而疏棄之。成綺因譏其寡恩而不仁。生熟不盡於前，而積歛無崖，亦儉嗇之，徵驗也。……巧	增刪《副墨》、《補註》之注而成。

不仁也可，即呼以馬牛亦無不可。何者？知仁不仁皆非其實也，苟見其實而不受，則始已有不仁之殃，而今再受之，徒增罪戾耳。服，服從也。吾之服從人，乃是平日常常如此，非有心以服之也，故曰「吾服也恒服，非以服有服」。「雁行避影」側身而行也。「履行遂進」踵步而前也。崖，崖異也。衝，突目而視也。？顙，中央廣而兩頭銳也。啍，口吐之貌。義，嚴毅之貌。以嗜修自標異者，其狀如此。「動而持」發也，言馬雖繫而意常奔馳，如彼之動而將發而強持之也。「機察而審」其機括能伺察而詳審也。「知巧而睹於泰」，自恃其知巧而驕泰可睹也。夫機警之人窺鑿日深而渾沌以死，故曰不信。言非安於性命之情也，如邊境之間各有守封，好詐者每伺隙乘以自為功，故敵國以盜竊目之。不信之人，厚自矜飾，欲以揚己掩物，是亦盜竊而已，如孟子所謂穿窬之類。（《莊子翼》卷四，頁三六三）

知聖神之人，當機敏給，應答如流，吾自以為弗及焉。脫之，言失也，即不及之意。故呼牛應牛；呼馬應馬，所以不與人忤者。蓋以吾必有其實，而後人與之名不受。而再與之爭，則殃之者至矣。吾之不應，正所以為應也。然此亦吾之恒服，初非作意而為之。故曰：吾服也恒服。服如服膺之服，我常是服此，初非有心。故曰：非以服有服。蓋有服則矜持之心勝，而不出於自然矣。恒服安而行之也，非以服有服，非勉強而行之也。……「雁行避影」側身而行也。「履行遂進」踵步而前也。崖，崖異也。衝，突目而視也。？，顙中央廣而兩頭銳也。啍，口吐之貌。義然，嚴毅之狀。崖衝？啍，皆賦相之不良者。能自收斂，則亦可以自掩者。似繫馬而止者，言止如繫馬，身受係而心常不定也。「動而持」動則矜持而作狀也。發也，機發若機括敏捷而巧中也。「察而審」伺察而詳審也。「知巧而睹於泰」，自恃其才而驕慢之氣可睹也。凡此十者皆以為不信之徵。……以是夫機警之人，窺鑿日深而渾沌以死。宜乎不為老聖所取也。（頁五一三～五一六）《補註》：封守有定，而好詐之人，每伺人之隙，乘其便以自為功，故敵國以盜竊目之，若此不信之徒，厚自矜飾，欲以揚

		己掩物，亦盜竊而已，如《孟子》所謂穿窬之類。（見孫應鰲《莊義要刪》卷五第二四引）	
〈繕性〉「繕性於俗學以求復其初」節	〈筆乘〉：「繕性於俗學，滑欲於俗思」爲句，舊解失之。性非學不復，而俗學不可以復性；明非思不致，而俗思不可以求明。謂之俗者，對眞而言。蓋動念即乖，況於繕；擬心即差，況於思。非惟無以徹其覆，而祇益之蔽耳。以恬養知，乃復性致明之要，知即人之覺性，是性也，可以恬養之，而不可以學繕之，（俗）思亂之者也。恬者，無爲自然之謂。夫謂之養知，若有心於知矣，不知知體虛玄泯絕無寄，蓋有知而實無以知爲者也，故又謂之以知養恬。恬，即禪家所謂無知者也，知，即禪家所謂知無者也。即恬之時，知在恬；即知之時，恬在知，故曰知與恬交相養也。如此則道德仁義忠禮樂，無不一貫之，如木之有根而華實並茂，所必至者，不得謂之偏行也。若不出於性，而第求之禮樂，則逐末忘本，支離於俗學而天下亂矣，何也？知恬交相養，則仁義禮樂混而爲道德；知恬交相失，則道德枝而爲仁義禮樂，此學術眞俗之辨也。（《莊子翼》卷四，頁三七八）	《副墨》：性非學不明，而俗學不可以治性；明非思不致，而俗思不可以求明。謂之俗者，對眞而言，言俗學障性，俗思亂明，凡爲此者謂之蔽蒙之民，古之治道者以恬養知，此一句最好，乃繕性求明之要訣。認取「知」字即本初之元性也，儒者謂之良知，佛氏謂之覺性，道家謂之元神，可以恬養之而不可以俗學障之、俗思亂之。恬者，無爲自然之義。蓋能以恬養之，則一定之中自然生慧，日用之間本體瑩，然莫非眞性之發越纔認得性，便屬識神，已不是性，故生而無以知爲生，即周子所謂神發無以知爲者，常自混溟，韜其光而弗耀也。又謂之以知養恬，何者？用知則不能恬，無以知爲，則恬者常自恬矣。即恬之時，知在恬；即知之時，恬在知，故曰：知與恬交相養……則禮之名所由立矣，凡此者自和理中出，如木之有根，華實並敷，而不得謂之偏行。若禮樂而偏行，則人皆逐末忘本，扭於俗學之支離，而天下於是乎亂矣。（頁五七八～五七九）	文義大都相同而略增文句。
〈山木〉「孔子窮於陳蔡之間」節	〈筆乘〉：犁然，如犁田者，其土釋然也。飢渴寒暑，窮困不通，皆天地之氣之流行，所以	《循本》：……猶犁者，其土釋然也。飢渴寒暑，窮困不通，皆天地之氣流行，所以運動	文義率都相同而略爲增刪文句。

	運動萬物，發洩而不可遏者，人惡能逃之？但當與之偕往可也。鷾鴯，燕也。不給，不暇也。「實」如易自求口實之實。社稷，春秋祭社，稷時也。君子是無功之爵祿如盜竊，然豈有心於取之？而命之所制，亦有不得自由者，故曰非己也。命有在外者也，如燕於己之不宜處，目不及視，雖棄其口實，亦所無顧，其畏人甚矣。而不能不襲處於人間，則以社稷之時，有若或驅之而不得自主者耳，燕以春社來，秋社去，故云。然數語本非難解，而舊註多謬，聊為疏之。(《莊子翼》卷四，頁四一三)	萬物，發泄而不可遏者，人欲免乎？此必須天地之氣不行而後可，但當與之偕往可也。……鷾鴯，燕也。不給，不暇也。實，卵也。社稷，春秋祭，社稷之時也。燕於人家不可處者不暇視，雖落其卵棄之不復顧，其所以者，畏人故也。其襲處於人間，不過祭社稷之時存焉耳。燕以春社來，秋社去，《春秋傳》曰：無鐘鼓曰襲。此不過眼前說話。而解者自為迂僻可笑，類此甚多。(卷十九，第六，頁四八三～四八六)	
〈田子方〉「列御寇為伯昏無人射」節	〈筆乘〉：羅勉道云：「適矢復遝」者，矢去而復遝前矢也，「方矢復寓」者，矢方發而後矢復寓於弦上也。范無隱則謂：「方矢猶方舟之方並也。」言並執之矢，已寓於弦，非寓杯水於肘上也，郭論為非。(《莊子翼》卷五，頁四二〇)	〈管見〉：「適矢復遝」者，矢去而復遝前矢也，「方矢復寓」者矢方發而後矢復寓於弦上也。……無隱范先生《講》：宗呂註兼證郭氏小失。云：「方矢」猶方舟之義，並也。謂並執之矢，已寓於弦，非寓杯水於肘上也。其論為當。(《義海》卷六五，頁五九二)	文義相同而略增文句。
〈庚桑楚〉「南榮趎請入就舍」節	〈筆乘〉：「能抱一能勿失」即《道德經》所謂「載營魄抱一，能無離也。」「無葍筮而知吉凶」即「不出戶知天下，不窺牖見天道也。」「能止」即知止也。「能己」即知足也。「舍諸人而求諸己」即「自知者明自勝者強也。」「脩然」即「汜兮其可左右也。」「侗然」即「渾兮其若濁也。」「兒子」即「專氣致柔能嬰兒	《副墨》：……「能抱一乎？能勿失乎？」二句即《道德經》所謂「載營魄抱一能無離乎」之意。「能無葍筮而知吉凶乎？」此箇吉凶即《道德經》所謂「福兮禍所倚，禍兮福所伏。正復為奇，善復為妖者」。本不待於葍筮而後知。……能止乎知止也。能己乎知足也。能舍諸人而求諸己乎，急於自治而不暇於及人	文義率都相同。

	也。」和之至共其德偏不在外，蓋所謂「含德之厚比於赤子」者如此。(《莊子翼》卷六，頁四三七)	也。能翛然乎無所累也，能侗然乎無所知也。能兒子乎專氣致柔如嬰兒也。此皆返。樸還淳之道至如兒子，則其德厚矣。故以下遂言兒子終日嘷而嗌不嗄，氣之和也；終日握而手不捉，德之共也。……與物委蛇而同其波，隨順而無忤也。含德之厚比於赤子，則衛生之經孰有外於此哉？(頁八三一)	
〈外物〉「靜然可以補病」節	〈筆乘〉：皆摑舊解目病也。須溪云：靜非藥也然可以補病。目無所見，雖病也，而可以休老。不知皆摑蓋養生家之術耳。案：《眞誥》云：時以手按目四眥，令見光分明，是檢眼神之道。久爲之，見百靈老形之兆發於目。披摑皺紋，可以沐浴老容。(《莊子翼》卷六，頁四七八)	碧虛註：……《眞誥》云：時以手按目四眥，令見光，分明是檢眼神之道。久爲之，見百靈老形之兆發於目眥，披摑皺紋，可以沐浴老容。(《義海》卷九○，頁六九九)	〈筆乘〉引《眞誥》之語，與碧虛註文義完全相同。
〈列御寇〉「聖人以必不必，故無兵」節	〈筆乘〉：兵非戈矛之謂，喜怒之戰於胸中者是也。康桑子曰：懷圭心未發兵也，豈止鋒鏑之而已。(《莊子翼》卷八，頁五○三)	疑獨註：……兵非在外，喜怒交戰於胸中者是也。…… 碧虛註：……庚桑子曰：恚未發兵也，豈止鋒鏑之慘而已。……(《義海》卷一○○，頁七四三)	文義與疑獨、碧虛註皆同。
〈列御寇〉「正考父一命而傴」節	〈筆乘〉：《文子》曰：道有知則亂；德有心則險；心有眼則眩，何者？有眼必有見，學道者每患於無見，而不知見爲德之賊也。釋氏所說五種眼，唯天眼、肉眼在面；慧、法、佛眼皆在心。彼心眼者，德之成；此心眼者，德之敗。知其所以敗，則知其所以成，無二	碧虛註：《文子》曰：道有知則亂；德有心則險；心有眼則眩。(《義海》卷一○一，頁七四九) 〈管見〉：釋氏說五種眼，唯天眼、肉眼在面，慧、法、佛眼皆在心。彼心眼顯成德之效；此心戒敗德之原，不戒乎？(《義海》卷一○二，頁七五○)	文義有參碧虛及〈管見〉者。

	理也。然則達於知者非眼乎？而何以言肖曰：老子不云乎？夫道太似不肖，若肖久矣其細。（《莊子翼》卷八，頁五〇六）		
〈天下篇〉「惠施多方」節	〈筆乘〉：自「惠施多方」以下，與《列子》載「公孫龍詭魏王」之語絕相類，解者多屬臆說。范無隱與其門人嘗論此云：恢恑憰怪，道通為一，存而勿論可也。何者？此本非《南華》語，是其所關舛駁不中之言，惡用解。（《莊子翼》卷八，頁五一八）	〈管見〉：愚初讀是經終卷，至「惠施多方」以下，莫窺端涯。與《列子》載「公孫龍詭魏王」之語絕相類，難以措思容，喉橫於胸臆有年矣。淳祐丙午歲幸遇西蜀無隱范先生遊京獲待講席幾二載。……師曰：本經有云：『恢恑憰怪道通為一』，存而勿論可也。眾皆愕然，再請明訓。師默然良久，曰：若猶未悟耶，此非《南華》語。是其所關以為舛駁不中之言，焉用解。（《義海》卷一〇六，頁七七五）	文義相同。

　　案焦竑《莊子翼》中，沒前人而出者除了注釋部分所列三十二條外（含〈筆乘〉一條），其集註部分所列〈筆乘〉四十一條，據筆者粗略考核，其中或僅有幾句、或部分、甚或全部參采前人之說而沒其出處者，亦有上列三十二條之多。足證《提要》所譏，信不誣也。然面對《莊子翼》這種缺失，《提要》之處理頗為低調，僅謂此乃「明人改頭換面之伎倆」，意其雖不足為憑，但亦不必深詰之。其後，焦竑之後鄉蔣國榜、近人林慶彰等亦皆予焦竑極為同情之評價。蔣國榜於《焦氏筆乘》跋中即云：

　　……（伍崇曜跋）唯剌（焦竑）取前人之說沒其自出，致為《提要》
　　所譏。然先秦諸子及太史公亦間有祖本，不皆己出。初未嘗標明所自，自
　　《呂覽》、《淮南》則囨羅群籍，集而成書，幾不知孰為彼己。是此例古已
　　有之，正不必刻繩焦氏。〔註19〕

蔣氏認為未標明其所自者，乃古來之風，是故不必集矢刻繩焦竑。而林慶彰先生亦認為不必深訶焦竑（《焦氏筆乘》）沒前人而出之缺失，「蓋鈔錄資料時，未隨手記其出處，年歲淹久，必不辨人我，迨將所鈔剞劂成書，遂成剽竊矣。」〔註20〕為辨焦

〔註19〕蔣國榜跋引自《金陵叢書》本之《焦氏筆乘》。
〔註20〕見林慶彰《明代考據學》，〈引文不注所出者〉，頁384。

竑沒前人而出者，乃隨手紮記，一時疏忽所致，並非有心爲之。

誠然，「罔羅群籍，集而成書」之風，其來有自；然遂至剽竊成書而不以爲意者，明人尤有勝於前人者，焦竑著述中則每見此弊。故若以「無心爲之」而爲之辨解，則不免牽強。對此風氣，清‧顧炎武就嘗痛切地以「竊盜」遣責之。顧氏曰：

> 漢人好以自作之書，而託爲古人；晉以下則有以他書而竊爲己作，郭象《莊》注之類，若有明一代之人，其所著書，無非竊盜而已。

又云：

> 吾讀有明‧宏治（明孝宗年號，西元一四八八～一五○五年）以後經解之書，皆隱沒古人名字，將爲己說也。〔註21〕

故就實事求是而言，顧氏認爲沒古人之名而將爲己說者，實乃竊盜之行，且其所造成之謬誤實大矣。今人陳鼓應先生編撰《莊子今註今譯》時，除了慨嘆「前人注釋常互相因襲」外，亦感校書之難，難於別人我、辨眞僞。陳鼓應先生言：

> ……但有時要確定一個註解究竟出自何人之手，還須做一番查證的工作，因爲前人著書常互相因襲，把自己的意見和別人的意見混在一起而不加說明。例如清代陳壽昌《南華眞經正義》，時而也有自己獨得的見解，但抄錄宣穎《南華經解》之處太多；宣穎的注解簡潔獨到，……（然）宣解中偶而也可發現林雲銘《莊子因》註語相同處；進一步核對，可發現林、宣之注受宋代林希逸《口義》影響很大，有時注文也直接引自《口義》。這樣，要選注和標明出處，注釋一段原文要花上許多時間。全書就這樣牛步地工作了好幾年才脫稿。〔註22〕

值得一提者，陳先生是書之考證校勘，可謂相當精詳，但面對古人因襲風氣之盛，亦不免有漏網之虞，遂至仍有踵訛襲謬之現象產生。其援引焦竑注，即是一例（詳本文第五章第一節）。立於完全無著作權概念之古人立場，誠如蔣國榜所言，實不能刻繩焦竑；然就其所造成之訛謬論之，其沒前人而出者，影響後人踵訛襲謬者，則可引以爲操翰者所鑑矣。

（二）錯植或刪併引文者

其次焦竑在裁取各家注時，往往有疏忽之處，遂致有張三之注冠於李四者，或有將李四之注，參雜融入張三注文之現象，亦或有隨意刪削引文者。學者若不詳辨其原委，則易爲其混淆而不知矣。茲就其采自《義海》、《莊義要刪》之書目，考核

〔註21〕見顧炎武《日知錄》，卷十八〈日釋〉，「竊書」條，頁32。
〔註22〕見陳鼓應《莊子今註今釋》〈前言〉，頁1。

條例於後：

　　〈齊物論〉「大知閒閒」節引《管見》：

　　　　慮則預度未來，歎則咨嗟既往，變則輕躁而有所為……而近死也。(《莊子翼》卷一，頁二五四)

案：「慮」、「歎」兩注，乃是《管見》引「成法師疏云」之內容，而自「變則」以下至「而近死也」方是《管見》之語，焦竑混二為一。又考《莊義要刪》原已混二而一，竑不察而承之，宜有此失誤。(《莊義要刪》卷一，第二九)

　　〈齊物論〉「人之生也固若是芒乎」節引《管見》云：

　　　　范無隱云：未成心則真性混融，太虛同量……求之未成（心）之前，則善惡不萌，是非無朕，何所不齊哉？夫人之止念非難，不續為難，……以知代用，自取於道，以為成心者也。(卷一，頁二五七)

案：屬「范無隱云」者，僅「未成心」至「何所不齊哉」，而自「夫人」以下，則乃為《管見》之語。又「范無隱」者，《管見》皆作「西蜀無隱范先生」，竑於此簡稱之，學者當識之。(《義海》卷二，頁二八六) 又考《莊義要刪》引《管見》：除無焦竑所謂「范無隱云」者，余皆同。故知此錯誤或更改者，亦承《要刪》而來。

　　〈人間世〉「孔子適楚」節引疑獨註：

　　　　臨人以德，則未能冥乎道；……迷陽，言自晦其明。吾傷吾生全（應是「全生」）之行，郤曲，言退身曲全，無傷吾可行之足。(卷二，頁二八五)

案：「郤曲，謂退身曲全」乃陳碧虛之註。且《義海》所引疑獨註者，無「無傷吾可行之足」，焦竑引文隨意刪併，或有其選文之意旨，然沒原作者而出，實非選文之道。(《義海》卷十，頁三三六、三三七)

　　〈德充符〉「魯有兀者王駘」節引疑獨註：

　　　　以無形司有形曰：……象耳目者，存而不用。一知而不為物所貳，……擇日而登假也。(卷二，頁二八八)

案：自「一知」以下至「擇日而登假也」乃陳詳道之注文。焦竑疏而混之也。(《義海》卷一一，頁三三九、三四〇)

　　〈德充符〉「魯哀公問於孔仲尼」節引《管見》：

　　　　……考《禮記・檀弓篇》「周人置翣」「明堂位」云：周之璧翣。鄭氏註：……(卷二，頁二九二)

案：考諸《義海、管見》原作：考《禮記・檀弓篇》「周人置翣」：孔子之喪飾棺牆置翣，又置絞衾、設蔞翣。又「明堂位」云：「周之璧翣。……」(《義海》

卷十二，頁三四八），焦竑將「周人置翣」與「明堂位」並而言之，文意殊晦而
不明矣。考《莊義要刪》原將二者並言，焦承而誤之。（《要刪》卷二，第六八）

〈大宗師〉「古之眞人其寢不夢」節引疑獨註：

> 心無思者，……其覺所以無憂，味無味者，味味而不味於味，其食所
> 以不甘。（卷二，頁二九八）

案：「味味而不味於味」以下，乃陳詳道之文。竑亦不辨人我，妄爲混二而爲一
矣。（《義海》卷十四，頁三五五）

〈大宗師〉「子祀、子輿、子犂、子來四人相與語曰」節引《通義》注曰：

> 首脊尻只是首尾始終，凡物始於無，終於無，其生其死，一念之起減
> （當爲「滅」），一氣之往來耳。苟入於不死不生，其所存豈在七尺之軀哉？
> （卷二，頁305）

案：「首脊尻只是首尾始終」句乃《口義》之注文。自「凡物始於無」以下，方
才是《通義》之注文。（見《莊義要刪》，卷三，第二四）

〈胠篋〉「子獨不知至德之世乎」節引〈管見總論〉云：

> 是篇以〈胠篋〉命題。……南華務在絕聖去智……淳風不復哉。（卷三，
> 頁三二九）

案：「是篇」之謂者是《管見》之文；「南華」以下才是〈管見總論〉之內容，焦
竑亦隨意併之。（《義海》卷三〇，頁四二三）（承《莊義要刪》而來）

〈天道〉「是故古之明大道者」引《補註》：

> 因任，即〈在宥〉篇賤而不可不任者，物也；卑而不可不因者，民也。
> 愚不肖襲情，（成玄英）《疏》云，襲，用也。賢愚咸用本情，終不舍己效
> 人，矜誇炫物也。（卷四，頁三六〇）

案：自「因任」至「卑而不可不因者，民也」是《補註》之注文。而自「愚不肖
襲情」以下，則爲孫應鼇《莊義要刪》之案語，焦竑妄併之。（見《莊義要刪》
卷五，第十六）

〈秋水〉「惠子相梁」節引《副墨》云：

> 鵷鶵，鳳鶵也。……《管見》：「搜，成疏謂：『搜索國中』。郭註則以
> 搜爲　矣。夫鳩得腐鼠，而嚇又何足與語練實醴泉之味，碧梧高潔之棲
> 哉？」（卷四，頁三九〇）

案：考《副墨》則無《莊子翼》所謂「管見」以下之注文，顯示此乃焦竑之誤植
耳。其中「郭註則以『搜』爲『捘』。」《管見》則作「『搜』應作『獀』，郭
註可證。」（《義海》卷五五，頁五四四）

〈達生〉「祝宗人玄端以臨牢筴說」節引方思善：

> 「腠楯，陸氏《音義》云：字當作篆輴，畫輴車所以載柩，聚當作蔽，才官反，僂當作蔞，力九反，謂殯於蔽塗蔞蔞之中也。而舊傳經文用字若此。續考《禮記檀弓篇》天子之殯，蔽塗龍輴以椁。又云：設蔞翣。蔞同柳，蔽聚也。聚木蓋棺而塗之，龍輴則篆畫龍文也。經意蓋謂取富貴者之死以易䵷之生，䵷猶不為之，豈有人而不如䵷乎？」（卷五，頁四〇三）

案：此乃〈管見〉之注文。其中「才官反」及「力九反」，〈管見〉本作「才官切」、「力九切」。又考孫應鰲《莊義要刪》，見此注已移為案語。焦竑不辨其實，誤植為方思善之文，此失也〔註23〕。（見《義海》卷五九，頁五六二及《莊義要刪》，卷六，第六二）

〈達生〉「孔子觀於呂梁」節引張湛註云：

> 呂梁在今彭城郡。《爾雅》曰：石絕水曰梁。始乎故者，故猶素也。任其真素，則所遇而安也。……知其不可知謂之命也。（卷五，頁四〇四）

案：自「呂梁」至「石絕水曰梁」，乃殷敬順《列子釋文》之注文（或可謂為陳景元《列子釋文補遺》之文，以二書今已混二為一，不辨其實也）；而自「始乎故者」以下至其末，方為張湛之注。（見蕭登福《列子古注今注》引）

〈田子方〉「文王觀於藏」引《管見》：

> 「屬之夫夫」，上「夫」字讀同「大」。〈太山始皇石刻文〉曰：「御史夫夫」。蓋篆文「夫」與「大」相似耳。……（卷五，頁四二〇）

案：此乃《義海》引鬳齋《口義》之注文（《義海》卷六九，頁五九〇、五九一）。考《南華真經口義》本作：「且屬大夫」，古本作「夫夫」。司馬云：上「夫」字作「大」字讀，夫、一大也。〈太山始皇文〉曰：「御史夫夫」，蓋篆字「夫」與「大」同。見《文鑑》。（《口義》卷二二，第十三，頁七七三）竑將《口義》之文錯植於《管見》之下者，學者當識辨之。唯竑引文和《口義》不同，乃據《莊義要刪》所以故也。（見《莊義要刪》，卷七，第四二引《口義》）

〈知北遊〉「東廓子問於莊子」節引方思善注：

> 周偏咸，是「言異理一」之喻。「廖已」當讀「言能」無為而淡漠……所謂不際之際也。（卷五，頁四二九）

案：「周偏咸，是言異理之喻」乃《補註》之注文。「廖已」以下，則為孫應鰲《莊義要刪》之案語。（《莊義要刪》，卷七，第六五）

〔註23〕考《莊子翼》所引方子及、方思善注者，分別為四條、十條，此十四條在孫應鰲《莊義要刪》中皆屬不具名之案語，不知焦竑何以據署二方之名。

〈則陽〉「仲尼問於太史大弢」節引方思善注云：

> 諡法，亂而不損曰靈，又德之精明曰靈。衛君所爲，如此諡之爲靈，何耶？……奉御猶今言召對。公使人扶翼，之言有禮也。同浴是一事，奉御是一事，不必同時。……裏，則作埋者恐非。（卷六，頁四六六）

案：自「諡法」至「德之精明曰靈」乃碧虛之注文。又自「衛君所爲」至「之言有禮也」乃《口義》之注文。而自「同浴是一事」以下，乃孫應鰲《莊義要刪》之案語。（均見《莊義要刪》，卷九，第二十）

〈讓王〉「中山公子牟謂瞻子曰」節引疑獨註：

> 魏公子牟封於中山。……其心不能自勝。夫未自能勝，不如且順之。……故曰：此非自養之道也，故曰：無壽類矣。瞻子所言固不可爲學道者之法。譬名醫療疾，必審人而處方，期於瘳疾而已。（卷七，頁四八七、四八八）

案：考之《義海》，除自「魏公子牟」以下，至「其心不能自勝」爲疑獨之註外，自「夫未自能勝」以下，至「無壽類矣」，竑乃增刪《口義》而出者；而自「瞻子」以下，至其末，則截《管見》之語而附之。故所謂疑獨註者，竟是三位一體之內容，學者當辨之。（《義海》卷九四，頁七一六、七一七）

以上所舉，並未能盡辨析之臻，要之亦可睹焦竑刪併、錯值引文之病。然此病由來已久矣，《義海》、《莊義要刪》皆有隨意刪節引文之弊病者。東坡於《志林》中即深表憤慨謂：

> 近世人輕易改書，鄙淺之人好惡都同，故從而和之者眾。遂使古書日就訛舛，深可憤疾〔註24〕。

明・顧炎武更痛切指陳說：

> 萬曆人多好改竄古書，……不考古而肆意之說，豈非小人而無忌憚者〔註25〕。

足見改書之風至明朝有與時鼓動不衰之勢。對於這種風潮，東坡爲之「深可忿疾」；顧氏亦以「小人無忌憚者」斥之，然近人林慶彰先生則將這種謬誤歸之於「古書檢閱不便，單憑記憶，必有訛誤；且往昔無所謂論文格式，引用前人之文，未有準繩可尋」使然，故作者往往有「依己意隨意刪改引文」〔註26〕之情形，意不深責之，顯較蘇、顧二氏爲寬容。然面對東坡所謂「遂使古書日就訛舛」及顧炎武所謂「據

〔註24〕見顧炎武《日知錄》，卷十八，〈日釋〉，頁35。
〔註25〕同前註，頁35。
〔註26〕參林慶彰《明代考據學》，頁301。

意改之，則文益晦，義益舛，而傳之後日，雖有善讀者，亦茫然無可尋求」〔註27〕
之現象，吾人若意不忍苛責焦竑，則難矣。而況焦竑亦嘗針對唐明皇妄意亂《大學》
之序，又妄刪《大學》、《孝經》之章句；乃至改竄《洪範》及《老子》等書之字句
等弊病提出糾正，並評明皇是舉乃爲穿鑿者矣〔註28〕！

　　要之，焦竑《莊子翼》之體例，雖有略勝《義海》、《莊義要刪》一籌之處者，
然其中謬誤亦不少，就「略備家數」者而言，如王雱注內篇、成玄英《疏》、梁曠《莊
子論》、張機《講疏》、李頤注、梁簡文帝《講疏》者是也；或內容實有而無其書目
者，如《評莊》，亦有所云與事實不符之現象者，如其於書目自稱「由全書編創類次」
者，而其內容實甚多是據《義海》及《莊義要刪》而出者，顯示焦竑並未遍涉或親
睹原書（主要就承諸、孫二書之書目而言），亦見竑所云有不實之缺失也；或引注家主名
不定者，如有一名三稱者，如羅云、羅勉道云、《循本》者是也，又用修、《丹鉛錄》、
楊愼者亦是也；或指稱過於簡略，如林疑獨注者僅標林云，須溪注者僅稱劉云，不
易辨明所指爲誰；或有誤引注家名稱者，如范無隱之字，《義海》作「元應」，而焦
竑則誤作「應元」者是也；或於注家之時代排列，偶有時序混亂，而未明其用意之
究竟者；書目中於作者之年代亦不詳注明者；甚或有妄加刪併前人之注者；或引文
與其思想宗旨互有出入者。而其中沒前人之名而爲己說者，尤爲是書最大缺失之處。

　　故刻繩之，《莊子翼》著書之體例，並非十分完備，但亦有其出前人之右者。

二、《莊子翼》體例可采之處

　　焦竑《莊子翼》著書之體例，雖非十分完備，然單就其次篇名題解、難解字句
之注釋與考證、集解眾家之注、末以總論概論全篇之要旨之形式而言，其架構顯有
勝於《莊義要刪》及《義海》者，且其博采眾說，辨訛正誤者，亦有可采之處。茲
簡略條例於後：

（一）正疑獨注爲張湛注者。案：焦竑《莊子翼》共引張湛注者凡有三條，其中〈山
　　　木〉「陽子之宋」節（卷五，頁四一四）〈達生〉「紀渻子爲王養鬥雞」節（卷五，
　　　頁四〇四）所引之內容，《義海》皆引作（林）疑獨註。然考《列子》張湛注以
　　　核其實，確爲張湛注者無誤也。見其亦有辨訛正之處也。

（二）《莊》注中，始著意訂正字句之訛誤者，以碧虛《闕誤》爲首，《莊子翼》全
　　　錄之，實有俾校《莊》者之資；其他附錄一卷，亦有參考之價值。尤其集註

〔註27〕見顧炎武《日知錄》，頁34。
〔註28〕《金陵叢書》本，乙集之八，卷四七，〈崇正堂答問〉，頁87。

中大量援引考據、訓詁之資料，對晚明乃至清初學風有救正啓風之功。

（三）采通代采錄之體例，從中尚可考探《莊》注之流變。如由玄學一家，一變爲玄、佛合流，再變爲以文評《莊》、考據、訓詁及儒、佛、道之合流者也。

（四）《莊子翼》是書所采書目，其中唐荊川《釋略》、徐士彰《莊子解》、方揚、方沆之《莊義要刪》，諸書都不傳，今存材料，主要見於焦竑《莊子翼》中，此亦足資參考也。

三、小　結

綜合上論，《莊子翼》是書之體例，確實有《提要》所指摘之「沒前人之出」之缺失，以其影響後代研《莊》者頗深，故探究《莊子翼》，或採其文者，不可不愼矣！然則《莊子翼》並非完全盜襲前人而毫無創體可言，觀其首「題解」，而後「總論」者，而錢穆先生《莊子纂箋》之踵《莊子翼》之體例者，可知其一；且其保存宋明人之資料而言，雖非全貌，但就諸書亡佚之背景而論，其存在之價值，仍足肯定；其次其隨文辨正訛誤、大量援引考據訓詁，更全錄碧虛《闕誤》，亦足校《莊》者之資；他如綜採各家思想以爲論，不但呈現《莊》注思想之流變，更透出晚明由三教一致觀，漸衍實學風氣之端倪，準此一二之得，焦竑《莊子翼》，於《莊》注史上，亦有其功矣。

第五章　焦竑《莊子翼》之思想命題

第一節　無善無惡之人性論

　　人性論不但是儒、道、佛三家重要的哲學範疇，亦是構成《莊子翼》之核心理論。

一、儒、道、佛三家之人性內涵：

（一）儒家之人性論

　　先秦儒家首將「性」這個哲學範疇提出來者，乃孔子之「性相近也，習相遠也。」（《論語·陽貨十七》），孔子認為人生而具有相近之本性，只因後天環境和習染之不同，才有品性上之差異〔註1〕。但孔子並未對人性之內涵作一界定。至孟子不但提出「性善說」，亦對「性」之內涵作了規範，孟子認為「人之所以異於禽獸者」在於「幾希」。此「幾希」者，即是人能「由仁義行」之善性（《孟子·離婁下》）〔註2〕。此論點首將仁義內在於人性之中，並賦予它「與生固有」之地位，謂「仁義禮智，非由外鑠我也，我固有之也。」（《孟子·告子章句上》）仁義禮智既是生即固有，則行仁義禮智等規範，即如「水之就下」般地合乎自然。孟子以「水就下」為喻，將具有社會屬性之仁義道德賦予先驗性及合理性，以為制定社會秩序規範之依據。雖然荀子對人性的看法有異於孟子，但皆認為藉由仁義禮智之實踐，即可使人性臻於至善之境界，成就儒家所謂之聖人。但這種履踐並不具制約性與強制性，故仍可算是一種自然無為

〔註1〕轉引自葛榮晉《中國哲學範疇導論》，第十九章〈性和情〉，頁450。
〔註2〕轉引自徐復觀《中國人性論史》，頁164～165。

之人性論〔註3〕。故站在儒家之立場，自然將仁義之性歸屬於自然之心性。

（二）道家之人性論

儒家以人爲萬物之靈，以仁義禮智爲人性。道家莊子則謂「天地與我並生，而萬物與我爲一」（《莊子·齊物論》），將人、萬物與天地（自然）等同並列，認爲社會秩序是成之於天地萬物間之自然規律，反對儒家於自然律之外，別立一種有別於自然界之秩序〔註4〕。將人性納入宇宙自然之規律中，賦予人性「自然」之內涵。並進一步指出，此「自然人性」，方爲人內在所具有之本質，所謂「性者，生之質也」（《莊子·庚桑楚》），或稱爲「素樸」（《莊子·馬蹄》）。莊子提倡自然人性，主要係針對儒家仁義之性而發的。莊子認爲儒家揭「仁義」於天下，不但是對人性之扭曲，同時亦是「民始惑亂，無以反其性情而復其初」（《莊子·繕性》）之主因。由莊子之嘆仁義殘性傷情及主「反性復初」之說，足見其對自然人性之之肯定。相應於「反性復初」之理念，莊子更提出「無情」、「坐忘」、「因自然」（《莊子·德充符》），以爲全性保眞之處世態度，此說可謂繼《老子》「自然無爲」，及「反者道之動」論之延展。

（三）佛教之人性論

佛家則站在宣教之立場，吸取儒家性善論及道家自然主義而主張「佛性說」。所謂佛性，乃指「本來清靜」〔註5〕無絲毫塵染之意。佛家以這種「清靜佛性」作爲人性之內涵，並宣稱「人雖有南北，佛性本無南北」〔註6〕，強調佛性天生具足，愚智不分〔註7〕「一切眾生，本來涅槃，無漏智性，本自具足」〔註8〕。將原本神秘之佛性，由虛渺之境界拉回到現實之人性中，從而賦予佛性以自然之內涵，謂「僧家自然者，眾生本性也〔註9〕。」並且吸收道家「自然無爲」之理論，以「無念爲宗」〔註10〕、「見性成佛」〔註11〕作爲修行成佛之途徑。可見佛家之佛性論，仍具有實質之自然義。

〔註3〕參吳重慶〈論儒道互補〉一文。
〔註4〕參同前揭文。
〔註5〕引自丁福保《六祖壇經箋註》，〈行由品〉第一，頁3。
〔註6〕見前揭書，〈行由品〉第一，頁4。
〔註7〕同前揭書，〈般若品〉第二，頁22。
〔註8〕此爲慧能弟子〈荷澤神會禪師語錄〉，參引自黃釗主編《道家思想史綱》，第二一章〈道家思想向隋唐佛學中滲透〉，頁450。
〔註9〕同前註。
〔註10〕見同註5書，〈定慧品〉第四，頁450。
〔註11〕見同註5書，〈般若品〉，第二，頁27。

二、焦竑無善無惡之人性論：

（一）焦竑以「自然之性」匯通儒道釋三家之人性論

　　儒、道、佛三家均以自然人性爲說，然究其本質，一以仁義、一以自然、一以佛性，實不相同。然於《莊子翼》中卻屢見焦竑將此三家論點等同視之。焦竑認爲孔、孟、老、莊之爲書，其目的皆欲覺離性者能反其性初（〈莊子翼敍〉），就「教」而言，有所不同；但若從「修道復性」〔註12〕、「發明自性」之角度視之，則《孔》、《孟》、《老》、《莊》、《維摩》、《圓覺》諸經，皆是一道，並無差別〔註13〕。其薈註《莊子翼》正是依據此觀點進行。

　　焦竑等同三教之人性，認爲儒、佛兩家之人性義涵和莊子無別，皆出於自然。《莊子翼》〈養生主〉「緣督以爲督」句引褚伯秀〈管見〉注曰：

　　　　「督」字訓「中」，乃喜怒哀樂之未發，非善惡兩間之中。苟於七情

　　未發之時，循之以爲常道，則虛徹靈通，有無莫係，吾與大極同一混成，

　　又惡知身之可保、生之可全、親之可養、年之可盡乎？（卷一，頁二七一）

注文「喜怒哀樂之未發」句，語出《中庸》，朱熹注曰：「其未發，則性也〔註14〕。」王陽明則謂「良知即是未發之中」〔註15〕，亦是「天命之性」。兩者之解名異而實同，但與《莊子》「緣督以爲經」之本意，則名異、實也異也。蓋「督」字於《莊子》本意，乃指「虛」之本體，亦即「自然之道」之謂〔註16〕，然在焦竑筆下，則將二者等同視之。焦竑認爲儒家「未發之中」即《莊子》自然之意。其於〈又答耿師〉書中亦認爲佛家言「本來無外（物）」者，即《中庸》「未發之中」之意（《澹園集》卷十二，頁五四〇）。諸此論述皆立於「自然」之觀點，其宗旨乃在於致力會通儒、道、釋三家之人性論。

又《莊子翼》〈天運篇〉「仁義⋯⋯不可久處」句及〈駢拇篇〉「意仁義其非人情乎？」分別引郭象注曰：

　　　　夫仁義者，人之性也。（〈天運〉注，卷四，頁三七一）

　　　　（夫）仁義自是人之情性，但當任之耳。（〈駢拇〉注，卷三，頁三二一）

莊子對仁義之性始終予以強烈之反對與批判，蓋其認爲「仁義之端」，乃「君人者以

〔註12〕《澹園集》乙集之八，卷十六，〈刻大方廣佛華嚴經序〉，頁589。

〔註13〕同前揭書，卷二五，〈薛童子傳〉，頁680。

〔註14〕見宋天正註譯《中庸今註今譯》，註11，頁5。

〔註15〕參勞思光《中國哲學史》，頁420，引王陽明〈答陸原靜書〉語。

〔註16〕黃師錦鋐以「虛」注「督」（見《新譯莊子讀本》，頁78），陳鼓應則以「自然之道」爲註（《莊子今註今譯》，頁105），本文合而因之。

己出經式義度」(〈應帝王〉)、且「聖人為之斗斛以量之,則並與斗斛而竊之;為之權衡以稱之,則並與權衡而竊之;為之符璽以信之,則並與符璽而竊之;為之仁義以矯之,則並與仁義而竊之」,完全無客觀標準;其所依據者為「諸侯之門,仁義存焉」,導致「竊鉤者誅」,而「竊國者為諸侯」(〈胠篋〉),諸「是非之塗」,不過「予人刑墨」,又若「播糠眯目,則天地四方易位矣,蚊虻噆膚,則通昔不寐矣。」(〈天運〉),徒攖人心,增人「樊然殽亂」(紛然錯亂)(〈齊物論〉)與「膠漆纏索」(〈駢拇篇〉)而已,故而有「聖人不死,大盜賊不止」(〈胠篋〉)之深沉浩嘆。

然焦竑此處則不但肯定儒家將仁義內在於人性中之主張。更進而以儒家仁義之性納入道家之自然屬性中,試圖將儒家之社會倫理道德和道家先驗之自然性合而為一,完成其《老》、《莊》盛言虛無並非廢世教之宗旨(〈讀莊七則〉),從而落實其「道一」之理論。其於〈逍遙遊〉引〈管見總論〉論其要旨,將《莊子》「至人無己」之逍遙境界和《易經》的「樂天知命」、顏回之「簞瓢自樂」、孟子之「養浩然之氣」等並提掇之(卷一,頁二五〇),即是本「全自己自然之性」之宗旨所衍發之理論。

此立於「自然之性」之會通點,用之佛家性論亦是如此。其於《莊子翼》〈則陽〉篇「季眞之莫為,接子之或使」句引唐荊川注曰:

　　莫為,是佛家自然性也;或使,是佛家因緣性也。(卷六,頁四七〇)

又引《循本》注曰:

　　　莫為,莫有為之者,《孟子》曰:莫之為而為者,天也;或使,或有
　　使之然者,《孟子》曰:行或使之。二子之說,其不同如此。(卷六,頁四
　　六九)

「莫為」即「無為」〔註17〕,亦即「自然」之謂。而佛家所謂「自然性」,是指佛之體性天然。一切眾生本具佛性,不假造作,終必成佛;而《孟子》所謂「莫之為而為之」,是一種天意,天意屬之,非人自作為,亦是一種自然。故焦竑解《莊子》「莫為」意,兼引荊川與《循本》之語比附之,企圖將儒、道、佛三家之人性內涵,融通為一。焦竑此種詮釋方式,完全是著眼於「自然之性」上,以此作為融會之橋樑,以貫通三家之人性思想。

(二)焦竑以「性道合一」證儒道釋三家之人性論

至於如何證明三家道之一致性,乃焦竑於《莊子翼》中力圖呈現之中心思想。為此焦竑提出了性出於道,又歸於道之「性道合一論」以為論證,實現其「道,一也」之學術宗旨。焦竑認為唯有「性道合一」,方能超越現象界之差等性,達臻天下

〔註17〕見黃師錦鋐《新譯莊子讀本》〈則陽〉注釋八十,頁304。

一家之境界〔註18〕。其於《莊子翼》〈知北遊〉「吾身非吾有也；天地之委命也；生非汝有，是天地之委和也；性命非汝有，是天地之委順也。」引江遹注曰：

> 究觀此身，天命而爲性（語出《中庸》），有性斯有生，有生斯有身，性命出於天地之委。……《老子》曰：「吾有大患，爲吾有身。」蓋將反於吾身之先，而同乎道。（卷五，頁四二五）

此處《莊子》所謂「天」意，實不同於儒家「道德義理之天」或「主宰命運之天」，而是具有與大化流行、自然無爲之屬性，即是道變化原則之體現。莊子藉著「天地之委」，將人性導向「自然無爲」之層面。以自然無爲之屬性作爲反性復初，天人合一之根據。此即和《老子》「人法地，地法天，天法道，道法自然」（第二五章）之理論相同。而焦竑之性道合一論，即是沿著此由「人道效法天道」之理路而開展。並以《中庸》「天命之謂性」用以理解《莊子》「性命出於天地之委順」之自然觀。焦竑於此除了等同儒、道之天皆爲自然無爲地存在，同時認爲人之本性乃是由天所賦予，與生俱足，如此「天」即成爲人之所以爲人之共同根據。設若人一旦失落此根據，亦即失去爲人之根本意義。因此唯有「反於吾身之先」，回歸自然之天，才是進臻性道合一之途徑。

此種以儒家「天人合一」之觀點，爲解道家「天人合一」之思想，在《莊子翼》中隨處可見：如《莊子翼》〈逍遙遊〉引褚伯秀〈管見總論〉即曰：

> 是篇首論鯤、鵬；蜩、鳩；靈椿、朝菌；知年小大，皆窮理之談；末舉大瓠以虛中自全，大樗以深根自固，喻盡性以至於命，學道之大成而入乎神者也。不疾不速，不行而至，何往而非逍遙矣。（卷一，頁二五〇）

又《莊子翼》〈天地〉篇釋「神體保神各有儀則謂之性，性修反德，德至同於初」引羅勉道《循本》亦曰：

> ……形體中保合元神各有儀則謂之性，所謂物各有一太極也，性修則復於德，德之至極，則同於未形之初矣。（卷三，頁三四六）

又《莊子翼》〈德充符〉「以其心得其常心，物何最之哉？」引朱得之《通義》亦表達同樣理念：

> 以其心得其常心者，言其初以天德良知得見此心時，如遊子歸家，既到家乃知是固有之業也。（卷二，頁二八七）

以上三條資料，焦竑分別藉儒家《易經說卦傳》中「窮理盡性以至於命」、盡性以知天命之說；宋理學（新儒學）所謂「心爲一太極，又曰道爲太極」（邵雍〈觀外物篇〉）

〔註18〕參黃釗《道家思想史綱》〈焦竑以佛解老之思想特色〉，頁573。

〔註 19〕心、道合一之概念；以及明心學「即心即道」、「吾心即宇宙」，心即理之良知思想，以論證《莊子》「逍遙」、「同於未形之初」及「固有事業」等意，由天而人，再由人反天終道、天人合一之人性論，亦同《莊子》所謂「反性復初」、「性道合一」之理念。

焦竑以「性道合一」等同儒道性論，亦不廢以此會通道儒佛之性論。觀其《莊子翼》〈天地〉「且夫失性有五：一曰五色亂目，使目不明；二曰五聲亂耳，使耳不聰；三曰五臭薰鼻，困惾中顙；四曰五味濁口，使口厲爽，五曰趣舍滑心，使性飛揚」句引陳詳道註曰：

> 《老子》曰：「五色令人目盲，五音令人耳聾，五味令人口爽」，蓋人之性也。人之生也，性靜而莫之動；德厚而莫之遷。妄境在前，靈源日滑，以至忘不貲之良貴，趣無窮之積腐，豈不惑哉？此君子所以貴乎嗇也（卷三，頁三五三）

佛家以現象爲妄境，認爲現象無非是「色法」（即五根、六塵）、「心法」（即八識）所起之作用。色法、心法皆有生有滅，則引發之現象亦皆爲一時之虛妄而已；倘能消除此妄念，入於不生不滅之境地，則能超出妄境，達臻佛性圓融之境界〔註20〕，此即如同《禮記》所謂「人之生也，性靜而莫之動」之初，完全無善惡、差等之本質。反之則「妄境在前」，而「靈源日滑」。而「靈源日滑」者，即指佛性之失落。焦竑在此透過禪佛之「去妄」、道家之「嗇」、儒家之「反躬性靜」等復性工夫之契合點，來論證三家殊途而同歸、教不同而其本質一致之理念。

焦竑於《莊子翼》中，引用佛教復性之名詞爲數不少，如〈人間世〉引荊川語：「耳目內通，與《首楞嚴》耳根圓通同意」〔註21〕、〈外物〉引《副墨》：「六根之塵必去而淨之，然後復其本然之靈覺」〔註22〕，〈齊物論〉亦引《副墨》：「但迷之則凡，悟之則聖也〔註23〕。」等等皆是。其中所謂「耳根圓通」、「去六根之塵」及

〔註 19〕轉引自同前揭書，第二五章〈道家思想滲入宋明理學〉，頁 499。

〔註 20〕參林尹《中國學術思想大綱》，頁 143。又色法即是五根、六塵。五根爲眼、耳、鼻、舌、身；六塵即色、聲、香、味、觸、法；根塵相合，即生分別之識，故心法分爲六識：即眼識、耳識、鼻識、舌識、身識、意識也。此論轉引自林尹《中國學術思想大綱》，頁 143、155。

〔註 21〕見《莊子翼》卷二，頁 277，〈人間世〉「顏回曰吾無以進矣」節引。

〔註 22〕同前揭書卷六，頁 477，〈外物篇〉「目徹爲明」節引。〈徐無鬼〉篇焦竑〈筆乘〉曰：「心與耳目並言，即釋典以意與眼耳鼻舌身爲六根同意」與《副墨》所謂「去六根聲塵」，其意相同。（卷二，頁 455）

〔註 23〕同前揭書卷一，頁 255，〈齊物論〉「大知閑閑」節引。

「悟」和「去妄」，皆佛家用以脫去聲塵反聞自性，自見本心歸源復本之工夫〔註24〕。

（三）焦竑無善無惡之人性論

　　焦竑對於人性之理解，大抵認為人性本質是無善無惡，一切善與惡皆是色法、心法所起之作用，亦即後天習染不同所形成。《澹園集》及《老子翼》等書中亦皆呈現此種理念。〈古城答問〉答學子問孟子之說性善何如時，焦竑即明白指稱孟子之說性善，終不如孔子「性相近、習相遠」之語更覺渾然〔註25〕。所謂「渾然」即如渾沌未鑿之然，亦即無分別、無善惡之意。於《老子翼》「絕學無憂」章，焦竑更明確指陳：

> 知性本無善也，彼為善者，雖異於惡，而離心則一，……蓋性無善無惡，而善惡萬法皆從此而生〔註26〕。

足見焦竑對人性本質無善無惡主張之明確性，此種主張在《莊子翼》中資料並不多，但卻很鮮明。如〈齊物論〉「夫子固拙於用大矣」句，焦竑就援引孔子「性近習遠」語為解。焦竑曰：

> 夫子固拙於用大矣。曰：則所用皆異也。蓋人性本一，用之不同。用之巧則消遙矣；用之拙則拘繫矣。孔子所言：「性相近，習相遠」即此意。
> （〈筆乘〉注，卷一，頁二四九）

「人性本一」即指性之體無善無惡；「用之不同」即指性之發用所產生之分別現象。此論和陽明四句教中之前兩句「無善無惡心之體，有善有惡意之動」義理為同一旨趣〔註27〕。

　　而〈德充符〉「魯有兀者叔山無趾」節引《副墨》注中則有「善惡皆幻法，分別悉是詭名」（語出《圓覺經》）之說，理念更明確。焦竑主張人性無善無惡，乃就性體而言，但並不排除性用之分別相，所謂「真性裂，而有善惡」（〈養生主〉引疑獨注）；同時亦不廢四句教後兩句「知善知惡是良知，為善去惡是格物」，主用「知」與「去」之修復工夫，以期回復性之本體之人性價值觀，使其不致落入泰州末學單提心體之弊病。尋此思想脈絡，和前所謂論證三道一致之路線，意義並不相悖，其終極乃在強調人性本質之一致性及平等性。〈齊物論〉釋「成心」引范無隱及〈管見〉的一段

〔註24〕「耳根圓通」意，蓋文殊揀圓通之門時，持取耳根為第一，特假其通入之意。必期脫去聲塵反聞自性，然後為復本歸源至一根。既然諸源既寂，則成解脫也（見《大明三藏法數》卷四，頁 10）。其和《老子》「滌除玄覽」、《莊子》「坐忘」之工夫有異曲同功之妙。

〔註25〕見《澹園集》卷四八，〈古城答問〉，頁 89。

〔註26〕見《老子翼》（《金陵叢書》本），頁 1759。

〔註27〕轉引自唐華《中國哲學史》，頁 749。

注語，可作爲焦竑此理念之最佳詮釋：

> 未成心，則眞性渾融，太虛同量；成心則已離乎性，有善有惡矣。今處世間應酬之際，有不免乎成心，即當思而求之未成之前，則善惡不萌，是非無朕，何所不齊哉？……（范無隱注）

> 夫人之止念非難，不續爲難。能自初成心即師而求之未成心之前，則念不續而性可復也。……此遺物離人，攝情歸性之要也。（〈管見〉注）（卷一，頁二五七）〔註28〕

在此焦竑以「眞性渾融、太虛同量」來詮釋人性之本質並無善惡之分別。之有善惡分，是由於離乎本性之一種情識作用，亦即喜怒哀樂已發之時之作用，乃人「處世間應酬之際」所不能避免者。「情識」作用雖有害性，然焦竑並不主張「滅情以復性」，反主張「合性以言情」、「攝情歸性」，亦即以性統情。其於〈古城答問〉即強調此論：

> 《易·乾卦》曰：「利貞者，性情也。」王輔嗣解云：「不性其情，何以久行其正？」此語最佳。《莊子》云：「性情不離，安用禮樂？」亦此意。性，水也；情，波也。波興則水濁，情熾則性亂。波生於水，而濁水者波也。情生於性，而害性者情也。故曰：「君子性其情，小人情其性。」〔註29〕

焦竑在此將人性比作水，情欲比作水之波浪，用以說明情性不離。唯情識之作用，必需合乎人性，如君子之「性其情」，而非小人之「情其性」。企圖以性統情，即「當思而求之未成之前」之復性工夫。如此「波」雖能搖之而不動其「體」，則「善惡不萌」、「是非無朕」，必能臻於「太虛」之性體。此在《莊子》言乃「外化而內不化」（〈知北遊〉）之道性；於儒家言則爲「性靜而莫之動」之良知；而在佛家言則是「不思善不思惡」之本來面目，（〈天地〉篇引《副墨》注）而焦竑則以「無善無惡」一之。

〔註28〕范無隱語見「人之生也固若芒」節〈管見〉註引。

〔註29〕見《澹園集》乙集之八，卷四八，頁89。「性水情波」之喻，楊慎已先發是論，見《升庵全集》卷五〈性情說〉。其論〈性情說〉有曰：「君子性其情，小人情其性。性猶水也，情猶波也。波興則水墊，情熾則性亂。波生於水，而害水者波也；情生於性，而害性者情也。……合之則雙美，離之則兩傷。舉性而遺情，何如？曰：死灰。觸情而忘性，何如？曰：禽獸。」（轉引自賈順先〈楊慎求實哲學〉一文。（〈孔子研究〉第四期，頁63～69，一九八八年十二月）焦竑於〈大學言心不言性，中庸言性不言心，孟子兼言心性解〉一文（見《澹園集》乙集之八，卷六，頁516及《焦氏筆乘》卷一，〈論性〉一條，《金陵叢書》乙集之五，頁6086）皆有「性水心波」之喻，內容則與楊慎所言大同小異。

三、小　結

　　歸之焦竑所謂「無善無惡」，即承繼陽明所謂「不動於氣，即無善無惡，是謂至善」（《傳習錄·上》）之論點而來。此即蔡仁厚先生所謂：「只是摭撥在良知好惡上那個動於意或動於氣（情識）的念頭，而不是摭撥良知本性之為善」〔註30〕之性論也。

第二節　神不滅論之生死觀

　　生與死，向來是哲學界所關心的人生兩大終極課題，亦是焦竑於《莊子翼》中極欲闡發之哲學命題之一。

一、儒、道、佛三家生死觀之內在義涵：

（一）儒家之生死觀

　　先秦儒家認為人具有兩種生命形態，一者是「自然生命」，另者是「價值生命」。立於「自然生命」之觀點，以為人既有生，則老、病、死便是一種不可避免之自然現象，故視死亡為「自然生命」之結束。所謂「自古皆有死」、「死生由命、富貴在天」（《論語·顏淵》）即表達了上述生死之觀念。死既是非人力所能掌握之自然現象，則重視並實現「價值生命」亦即成為先秦儒家最關懷之課題。尤其當面對「自然生命」和「價值生命」相衝突而必須作一決擇時，更是以「價值生命」為優先考慮。以「自然生命」作為代價，成就其「立功、立言、立德」（《左傳·襄公二五年》）、與天合德之道德價值理想。所謂：

> 生，亦我所欲也，義，亦我所欲也；二者不可兼得，捨生而取義者也。
>
> 生亦我所欲，所欲有甚於生者，故不為苟得也；死亦我所惡，所惡有甚於
>
> 死者，故患有所不辟也。（《孟子·告子上》）

此種捨「自然生命」而完成「價值生命」（捨生取義，殺生成仁）之態度，所呈現者乃先秦儒家積極之入世觀。影響所及，使得儒家對於人死後之世界，並非十分強調，從「未知生，焉知死？」（《論語·先進》）可見此一理念；但儒家並不否認有鬼神之存在，所謂「未能事人，焉能事鬼」（《論語·先進》）、「敬鬼神而遠之」（《論語·雍也》）之論點，即扣緊「人死為鬼」、「靈魂不死」之信念〔註31〕，所呈現者則是形雖滅而神不死之形神二元論。

〔註30〕見蔡仁厚《王陽明哲學》，頁153。
〔註31〕參傅佩榮〈儒家生死觀背後的信仰〉一文。

（二）道家之生死觀

儒家以實現「價值生命」為人生重要課題，道家莊子則立於「道通為一」之觀照，反對儒家以身殉天下之行徑，謂「伯夷死名於首陽之下」乃「殘生傷性」（〈駢拇〉）之舉。而以成就「自然生命」與道合一之「道化生命」，作為其終極之關懷。故莊子認為「自然生命」乃「道」所賦與者：

　　　　道者萬物之所由也。（〈漁父〉）

生既由道生，則萬物之有生死，乃是道氣聚散之一種循環過程。氣聚則生，氣散則死，猶如四時之代謝、晝夜之更迭一般，是必然而自然之現象：

　　　　……形變而有生，今變而之死，是相與為，春秋冬夏四時行也。（至樂）

　　　　死生命也，其有夜旦之常，天也。（〈大宗師〉）

生死「相與」，生者為死之連續，死者亦是生之開始，所謂「生；死之徒，死也；生之徒」（〈知北遊〉），生死相屬，無有終期。但莊子認為死並非代表生命之結束，而是回歸大道、「以天地為大爐，以造化為大冶」（〈大宗師〉），故莊子視死為一種休息、「大塊勞我以息」（〈大宗師〉）也。天地萬物並生於道，死後精神復回歸道體，與道融合為一，道又創生萬物：「已化為生，又化為死」（〈知北遊〉），此即莊子所謂「薪盡火傳」精神不滅論之說也。

基於「精神不滅」之超越立場，莊子肯定「自然生命」之價值。從而主張以「安時處順」之心態以面對人生之生死問題：

　　　　古之真人，不知悅生，不知惡死；其出不訢，其入不距，翛然而往，
　　翛然而來而已。……且夫得者、時也，失者、順也；安時處順，哀樂不能
　　入也。此古人之所謂縣解也。（〈大宗師〉）

　　　　安時處順，哀樂不能入也。古者謂之帝之縣解。指窮於為薪，火傳也
　　不知其盡也。（〈養生主〉）

此外莊子並透過「心齋」（〈人間世〉）、「坐忘」（〈大宗師〉）等修行工夫，用以超越「自然生命」所隱含之種種束縛，希望達到臨物而不滯於物，攬境而不住於境，「外化而內不化」（〈知北遊〉）之境界，以為「形全精復」（〈達生〉）必能與不離生死，而又能超越生死與道體合而為一。此即莊子所謂就「自然生命」以成就「道化生命」之謂，所呈現者，既是即世而又超越，形滅而神不滅之生死觀。

（三）佛教之生死觀

佛家視生死為人生之苦難，認為一切痛苦之根源均來自於人之有身：「天下之

苦，莫過有身」、「夫身者，眾苦之本」、「生死不息，皆由身興」〔註32〕。佛家立於神不滅之觀點，主張業報輪迴，認為人之生死有無數次之循環，只要有生死，「神」便得不到解脫，仍必須在六道（天道、人道、阿修羅道、地獄道、餓鬼道、畜生道）（《楞嚴經・八、九》）〔註33〕輪迴中，接受種種苦難：

> 以諸欲因緣，墜墮三惡道，輪迴六趣中，備受諸苦毒。〔註34〕

而諸苦難生死相續，宛若旋轉之火輪般，永無休止：

> 生死死生，生生死死，如旋火輪。（《楞伽經》）〔註35〕

唯有證得涅槃〔註36〕，無住於死生禍福，神與形離者，精神方得以超脫輪迴之苦：

> 欲離世苦，當求寂滅，攝心守正，淡然無想，可得泥洹，此為最樂〔註37〕。

所謂泥洹（涅槃）者，即指離卻塵世，不受業、不受果，超脫輪迴，直入寂滅之境界，亦即所謂往生淨土之極樂世界之謂也。故佛家有倡導出家證果之傾向，然隨著儒化之影響，佛家亦有主入世（或在家）之修為，不但可以成就來世之生死解脫，免於輪迴之苦；同時亦可以成就生時之精神涅槃，了生死之苦，呈現即世而出世之生死觀。

二、焦竑神不滅論之生死觀：

（一）焦竑以「神不滅論」匯通儒道釋三家之生死論

儒、道、佛三家對形神觀之認同雖有不同，但大抵皆主形神二元論，亦即神不滅論者。故焦竑於《莊子翼》中對於形神之詮釋，每每以此會通三家之言，既承認與儒家宗法倫理制度相結合之鬼神世界，同時亦相信佛家與業報相依之輪迴說，而一以道家《莊子》「薪盡火傳」之神不滅論貫穿之。

《莊子翼》〈至樂〉「生者，假借也，假之而生。生者，塵垢也。」等句，引《循本》注曰：

〔註32〕見《法句譬喻經》第三〈安寧品〉。轉引自鄭曉江〈論佛家的死亡智慧──兼及佛道死亡之區別〉一文。

〔註33〕佛家主業報輪迴。業，包括身、口、意三方面活動。佛家認為業發生之後不會消除，而將引起善惡等報應，叫業報。世界眾生若不求解脫，莫不展轉於六道之中，有如車輪旋轉不停，稱之為輪迴。唯成佛之人始能免受輪迴之苦。參方立天《中國佛教研究》，頁109，註17。

〔註34〕見《法華經・方便品》，參引自《辭源》（北京商務版），頁1646，「輪迴」條。

〔註35〕引見同註32文。

〔註36〕「涅槃」，梵文原義為火的熄滅，即「寂滅」、「滅度」之意，亦即佛教所謂經過修行悟解而達到的最高境界。參同註32文。

〔註37〕見同註32文。

（滑）介叔曰：子無惡生者，假借而已。所謂四大假合是也。既假之而生，則不過如塵垢之集耳，何足控搏？故死生常理，有如晝夜，何足驚懼？（卷五，頁三九四）

佛家主無我，認為人身是由地、水、風、火四種材料假合而成，死後靈魂不滅，形體分散而歸復四大，故謂「身為四大，終各歸本」（《陰持入經注》）〔註38〕、「和合為相，實同幻化」（《圓覺經》）〔註39〕，以此作為了生死之根據。焦竑援用佛家「四大假合」之說以解《莊子》「生者，假借」、「塵垢」之思想，顯然認為佛家之了生死和《莊子》之超脫生死觀念是相同而不相悖者。

其於《莊子翼》〈養生主〉解「薪盡火傳」句，其〈筆乘〉之解更進而以佛氏輪迴說比附之，〈筆乘〉注曰：

案：佛典有解此者曰：「火之傳於薪，猶神之傳於形；火之傳異薪，猶神之傳異形，前薪非後薪，則知指窮之術妙；前形非後形，則悟情數之感深。惑者見形朽於一生，便謂神情共喪，猶睹火窮一木，便謂終期都盡，可乎？」此其說亦精矣。（卷一，頁二七四）

此乃慧遠針對南北朝反佛者主「神滅論」所提出之論點〔註40〕。慧遠認為物化之氣數有窮盡之時，而神卻是不化不窮、有冥移之功。人死形體消滅，而神卻不會消滅，隨復受形，故此生之後，仍有來生；來生之後，復有來生，生死死生輪迴不已。強調在輪迴之中，形體之可變、可窮性，「前形非後形」，而作為輪迴中的報應主體～神，卻始終不化不窮，猶如薪盡而火傳不已〔註41〕。然究《莊子》「薪火」之意，乃謂形骸有時而窮，而精神卻是不滅，脫離已盡之形骸，回歸道體之中，再化為其他方生之形骸，猶如「薪盡火傳」耳〔註42〕。莊子所追求者乃是一種與道合而為一、不滅之道化精神，其中生命之轉化，只有直線性「化」之過程，並沒有報應輪迴、因果循環之關係〔註43〕。此論則和慧遠以「不化」之神作為業報和證得涅槃之主體論調，顯然不同。然焦竑卻將佛家「輪迴觀」納入《莊子》「薪火」之論中，並且強

〔註38〕轉引自方立天《中國佛教史》，頁316。

〔註39〕轉引自林尹《中國學術思想大綱》，頁144。

〔註40〕慧遠因應反佛者所作《沙門不敬王者論》共有五個單元，其中第五即為〈形盡神不滅〉，亦即焦竑所稱佛典之內容。見《中國佛教思想資料選編》，頁85。

〔註41〕參許抗生〈慧遠的佛教哲學思想研究〉一文。（〈中國哲學史研究〉，一九八四年三月），頁60～61。

〔註42〕參徐復觀《中國人性論史》，頁408。

〔註43〕胡師楚生〈釋《莊子・養生主》薪盡火傳的喻意〉一文對焦竑引佛典為解「薪火」之論有精詳之論點。謂「薪盡火傳」之譬喻意義，只是一種生命的轉化而已，並無佛家所謂「六道輪迴」、「報應」之依存關係。見《老莊研究》，頁189～196。

調二者之一致性，究其著眼點即在於「神不滅」之觀點而言。

此外，焦竑亦認爲儒家「人死爲鬼」之鬼魂觀，亦同於《莊子翼》「薪火」之論。其於〈養生主〉「薪火」句引劉概注即在論證此一觀點：

> 薪火之論，以譬神舍於形，而屢移者也。古之至人所以載營魄，而視形骸爲逆旅者，以此。（卷一，頁二七三）

焦竑認爲「輪迴因果」之論與「薪火」之義涵不悖，譬若「神舍於形，而屢移者也」；同時焦竑亦是鬼神論者，焦竑認爲《莊子·達生》中所載鬼名如：倍阿鮭蠪、履䰒、罔象、夔、⋯⋯等，雖「似涉怪誕，然《孔子·家語》亦有夔、罔象之說；《左傳》新鬼大，故鬼小，則鬼不爲有也。」〔註44〕藉以強調鬼（神）之存在性；並嘗引《左傳·昭公七年》子產釋伯有能否爲鬼之問時所回答之話，曰：「（能），人生始化曰魄，既生魄，陽曰魂。」，以此人死可以爲鬼魂之說，用以解《老子》「載營魄抱一」章〔註45〕，察其旨則在強調鬼魂之存在性。而今又援《老子》「載魂魄」章來論證《莊子》「薪火」之論，足見焦竑等同三家形神觀，主要是立於「神不滅」之立論上。因此知焦竑乃主神不滅論者。

（二）焦竑以「道因」證儒道釋三家之生死觀

焦竑「神不滅」論之理論根基，亦認爲人之形體乃由氣所構成，人之有死生現象，不過若一氣之往來耳。於《莊子翼》〈大宗師〉「以無爲首，以生爲脊，以死爲尻」句引朱得之注曰：

> 凡物始於無而終於無，其生其死，一念之起滅，一氣之往來耳。苟入於不生不死、死生一條，其所存豈在七尺之軀哉？（卷二，頁三〇五）

生命既由無（道）而生，死後復歸於無（道），則生死何足以悅惡哉？以是焦竑贊同《莊子》「知其無可奈何而安之若命」之說法，是具有「明達慷慨」之超越精神，並非滯於物之「衰颯」作爲。《莊子翼》〈人間世〉「葉公子高將使於齊」段，〈筆乘〉注即曰：

> 葉公子之憂利害，然利害之極，不過死亡而已。蓋事心則身忘，身忘則哀樂無所錯矣，⋯⋯何暇至於悅生惡死？⋯⋯知其無可奈何而安之若命。須溪云：只此一語，明達慷慨，談笑有餘。夫不可奈何，非衰颯之謂也，其自決如此。（卷二，頁二八〇）

焦竑於此極力強調神之普遍性及永恆性，認爲神超越萬物又內在萬物，以此作爲超

〔註44〕〈達生〉「桓公田於澤」段引〈管見〉注。見《莊子翼》卷五，頁403。
〔註45〕見《老子翼》「載營魄抱一」章〈筆乘〉注。

越有形之累之根據。《莊子翼》〈知北遊〉「東郭子問於莊」段，引《副注》即曰：

> 道無在而無不在，故與物無際。……有際則謂之物，……道者不際之
> 際，然非離此物而則謂之道，特際之不際者耳。所謂際者謂盈虛也，衰殺
> 也，此有兩邊。道則謂彼爲盈虛，而非盈虛也，……謂彼爲衰殺，而非衰
> 殺也。……張子所謂：「兩在故不測」蓋如此。（卷五，頁四二八）

所謂「兩在故不測」者，乃意謂道（精神）超乎陰陽之上，無法窮究。此正是《易
傳》「陰陽不測謂之神」一語之含義。焦竑引而論之，主在強調「道」之「無所不在」
及超越性。故其於《莊子翼》〈齊物論〉再次引〈管見總論〉爲證：

> 《南華》夢蝶孰究非同非異，蓋極論物我生死，覺夢之不齊而終於物
> 化。《南華》所謂「化」，即《大易》所謂：神潛於恍惚，見於日用而不可
> 知知、識識。由是而悟萬物化一形也，……萬化一神也，神而明之，變而
> 通之，孰爲物？孰爲我？是之謂大齊。（卷一，頁二七〇）

《大易》所謂「神潛於恍惚，見於日用而不可知知、識識」者，即《易傳・繫辭上
傳》：「一陰一陽謂之道，……百姓日用而不知」之謂，焦竑於此再次證明「神」之
存在性。生死既是自然常理、無可奈何，則效法道之不際之際而安之若命，便成爲
焦竑神不滅論之中樞要點。

焦竑以「道」作爲養神之根據，認爲「盡養生之理者」乃在於「神全不喪」（〈養
生主〉引〈管見總論〉注），反對以攝生爲養生，謂「練形住世者」、「殉欲忘生者」、「斷
滅種性者」「皆生生之厚」﹝註46﹞，皆非養生之道。焦竑之意並非教人「離物卻世」，
而是意人效法道「不際之際」之精神。爲此焦竑提出「破相離相」之理論，以「無
生」應「有生」、以「出世」處「入世」、以「無住」處「住」，謂此則可以了脫生死、
「出入造化，遊戲死生」（〈大宗師〉〈筆乘〉注）。故《莊子翼》〈外物〉篇「莊子曰：
人有能游且不能遊乎」句，引《副墨》注曰：

> 世出世法原非兩件，有所揀擇去取，則非遊於世。而不僻順於人而不
> 失者矣，即是而觀蒙莊之所謂遊者，定非絕世忘世之學，有順有不自失者
> 在焉，所以爲至知厚德也。（卷六，頁四七五）

又《莊子翼》〈大宗師〉「南伯子葵問乎女偊」段亦引《副墨》注曰：

> 天下將迎成毀與接爲構，世人心遊其間，一心方將，一心迎之；一心
> 畏毀，一心成之，生滅憧憧無有了歇。其有惡於此者，又欲而去之，不知
> 除生滅之心，亦生滅也，惡能入於不死不生之鄉哉？今……因其自至而無

﹝註46﹞引見同前揭書，頁 1903，「出生入死，生之徒」章〈筆乘〉注。

容心，此則爲攖寧……謂於世棼擾擾之中入於大定。此則不壞世相而成實相，豈與斷滅神性以求成者同乎哉？（卷二，頁三○五）

以上兩條資料，前者焦竑所謂「世出世法，原非兩件」即「不壞世相而成實相」之謂。所含具者爲不取、不捨、亦不染著之般若活智（《壇經・般若品》第二）。「不染著」者，即不執著一切世相，亦即「無住著」、「佛屠不三宿桑下」之意（〈外物〉引荊川注）〔註47〕；不捨，即不捨一切世相。不離世相而成就實相，即不離世間法而證得佛法實相之謂。佛家以「本來無一物」〔註48〕，故無一物可著，爲破世間法；焦竑亦以「物本無物」（〈養生主〉引李士表注）爲破死生幻相。佛家認爲「佛法在世間，不離世間覺；離世間覓菩提，恰如求兔角」〔註49〕，不可得也；唯有「於六塵中，不離不染，來去自如」〔註50〕方爲上乘。焦竑亦認爲莊子之遊者，「並非絕世忘世之學」，而是「外化而內不化」之處世態度。觀莊子自謂「獨與天地精神往來」而「不遣是非，以與世俗處」（〈天下〉）可知也。佛家以「不壞世相而成實相」、「人法雙忘，萬法歸一」爲遣相蕩執，作爲達到了脫生死輪迴，證得涅槃之境界之方法；焦竑亦以「不壞世相而成實相」，亦即「物我皆忘，能所斯泯」（〈養生主〉李士表注）〔註51〕爲「破執解礙」達到「一生死、同夢覺，千變萬法歸於一致，明達而無礙者也」之逍遙境界（〈齊物論〉〈筆乘〉注）〔註52〕。

在焦竑看來，道、佛兩家之修行方式具一致性，皆在強調與道（神）合，以求既內在而又超越內在之「遊」或涅槃之境界。焦竑將這種超越之遊世精神，以「因」一字涵蓋之。《莊子翼》〈齊物論〉「人之生也，固若芒」段〈筆乘〉注曰：

「因」之一字，《老》、《莊》之要旨。（卷一，頁二五七）

於同篇「以指喻指之非指」段其〈筆乘〉又曰：

而總之「因」之一字盡之也。（卷一，頁二五九）

焦竑所謂「因」者，乃指「外則因人而和之以是非；內則體乎無是無非之天鈞，不

〔註47〕見《莊子翼》卷六，頁475。「莊子曰：人能遊，且得不遊乎」段引。東漢桓帝時襄楷嘗上書以「浮屠不三宿桑下」說明佛不依戀眼前的物象，以示其心清欲寡。荊川之語出於此。此乃據《四十二章經》「沙門……樹下一宿，慎勿再矣」之引申義。參見黃釗主編《道家思想史綱》第十五章，頁308。

〔註48〕見丁福保《六壇經箋註》〈行由品〉第一，頁12。慧能有偈曰：「菩提本無樹，明鏡亦非臺，本來無一物，何處惹塵埃。」呈現不捨不著，不住不滯之超然境界。

〔註49〕見同前揭書，〈疑問品〉第三，頁36。「恰如求兔角」者，丁福保箋注曰：愚人誤兔之耳爲角，此以喻物之必無也。

〔註50〕敦煌本慧能《壇經》第三一節，轉引自洪修平《禪宗思想的形成與發展》，頁464。

〔註51〕李士表注見《莊子翼》，卷一，頁273，〈養生主〉「庖丁解牛」段引。

〔註52〕〈筆乘〉注見《莊子翼》，卷一，頁270，〈齊物論〉「罔兩問影」段引。

以跡之有是非，而礙其心之無是非。」（〈齊物論〉〈筆乘〉注）「勿焦心以耗氣，勿役神以煩形，虛以待之」之謂，若運斤之匠石，解牛之庖丁，皆可謂善「因」者也〔註53〕。可見「因」有「因而超越之」之意。焦竑認爲唯有以「因」作爲處世修道之方針，才能在「知道」、「盡道」之時，亦能「忘道」（〈逍遙遊〉〈筆乘〉注）〔註54〕，進而入如庖丁、匠石之「物物而不物於物，則遙然不我得；玄感不爲，不疾而速，則迢然靡不適」（〈逍遙遊〉支遁注）〔註55〕與道合一之「遊」境。其於《莊子翼》〈人間世〉「彼且爲嬰兒」段引張四維《補注》之註解，可爲以「因」應世所呈現之化境作一最佳註腳：

> 「彼且爲嬰兒」一段，即《法華》應以比丘身得度者，即現比丘身而
> 爲說法；應以女人身得度者，即現女人身爲說法意。（卷二，頁二八二）

焦竑認爲能因物而超越物者，內對諸己便無一法可執，外照萬物，更無物可礙，而其所呈現之世界，則如《法華》所謂「隨機現身」〔註56〕、「應以比丘身得度者，即現比丘身而爲說法；應以女人身得度者，即現女人身爲說法」，可謂「胡來胡現」、「漢來漢現」，內外皆通透、死生一條，呈現與道合一而神不滅之逍遙境界，亦即佛家所謂無死生滅絕，超脫輪迴之涅槃境界。

在焦竑之理解，佛家所謂了脫生死之說，在佛教未傳入中國之前，道家、儒家皆早已論及之。《莊子翼》〈德充符〉「魯國有兀者王駘」段引《副墨》注曰：

> ……人唯執象失心，妄起知識，故心生於物，而死於物；今一其知之
> 所知，則心固未嘗死也，而死生何足懼之。昔劉獻學道，有神人謂之曰：
> 「君心力精猛，必破死生」。學者知死生事大，猛著精采，奮然勘破，如
> 勇夫有不懼之實，便可雄入死生、縱橫無礙。此出離生死學問，莊生等閑
> 於此發出，當時西竺之經未至，而佛法已在中國，孰謂佛者夷狄之一法哉？
>
> （卷二，頁二八八）

焦竑引劉獻勘破死生，可以雄入死生、縱橫無礙之事，爲解《莊子》「雄入九軍，……而心未嘗死」之理，證明佛家所謂「出離生死」之說法，在西竺之經尚未傳入中國之時，莊子早已言之，強調道佛思想之一致性，其於〈古城答問〉中亦有等同儒佛生死觀之論點：

〔註53〕見《澹園集》乙集之九，卷三，〈賀大郡伯騰江余公考最序〉，頁138。

〔註54〕見《莊子翼》，卷一，頁246〈逍遙遊〉「湯之問棘」段注。

〔註55〕同註54，頁245。

〔註56〕焦竑謂：「《首楞嚴》：觀音大士，隨機現身，若佛身、聲聞身、梵王身、人王身、比丘身、童男身、童女身、天身、人身、及人、非人、有想、無想等凡三十二。……皆以示道無不在也。」（《支談》上）此說可與《補注》「彼且爲嬰兒」段注合參。

　　　　問佛氏言超生死，儒門亦有此理否？先生（指焦竑）曰：「朝聞道，夕
　　死可矣」、「未知生，焉知死」，原始反終，故知生死之說，先師（孔子）
　　未嘗不言，學者不察耳〔註57〕。

在此焦竑亦認為孔子所謂「朝聞道，夕死可矣」（《論語‧里仁章》）及「未知生，焉知
死」（《論語‧先進章》）之含義，直和佛教超脫生死之義理相同，皆在說明死生的「原
始反終」，既無生始、無死終，則生死之念可息〔註58〕。可見儒家之生死觀亦是佛
法之先驅。

三、小　結

　　大抵而言，就「神不滅」之境界，道家莊子所追求之「精神不滅」，乃為了一超
越而入於道之道化境界；佛家所企求者，即是無生無滅、超脫生死而入於涅槃之彼
岸界；而儒家所講求者，則是入世價值生命之經營，亦即「盡性知命」、天人合一之
境界。至於焦竑神不滅論之生死觀，所追求者則是既入世而又不住世，既應物而又
不藏物，既不住於生死，又不滯於教，是道、是儒亦是佛，呈現三教一致、禪淨不
分之透脫精神〔註59〕。而焦竑這種以「道」、「因」融合三家形神生死觀於一爐之觀
點，乃植基於其對三教生死看法之一致性。

第三節　有無、本末、眞俗之辨

　　「有」、「無」是先秦道家用以探究宇宙本原及闡述宇宙本體、現象的之思想範
疇。儒家不談「有」、「無」，而以「天道」、「人道」為命題。魏、晉則祖述儒道，以
「本無」、「末有」、「跡冥」為哲學命題，是時之般若學亦以「本眞」、「末俗」為論。
而焦竑則融各家之說於一爐，以為《莊子翼》立論之樞紐。

一、儒、道、佛三家有無思想之義蘊：

〔註57〕見《澹園集》乙集之八，卷四八，〈古城答問〉，頁 91。
〔註58〕參李焯然《明史散論》〈焦竑三教觀〉，頁 130。
〔註59〕禪宗對於生死的修為方式和淨土始祖慧遠所主有不同之處，基本上禪宗並不講三世因
　　　　果報應輪迴之說，亦否認有一個往生淨土之極樂世界，更不主念佛、拜佛，甚至衍
　　　　成可以訶佛罵祖之地步。其所強調關注者，乃「佛性常清淨」及如何「見性成佛」
　　　　之問題，認為日常生活即可以實現成佛之理想，關鍵則在迷悟之間耳。焦竑於此并
　　　　而引之以比附《莊子》之形神觀，亦呈現其禪淨合一之思想傾向。

（一）儒家之有無觀之義蘊

先秦儒家談本體論，不以「有無」為言，而以「道」稱之。並析道為三：所謂天道、地道、人道也，而範樞以人道。不似道家以道（無）統攝萬物，但並不否認天地之道為創生萬物之本原，其曰：

> 天地之道，……其為物不貳，其生物不測；天地之道，博也、厚也、高也、明也、悠也、久也。（《中庸》第二六章）

此處明白指稱天地之道以「誠一無為」創生萬物，具有「妙用無窮」之屬性。儒家雖不否認天地之道為創生宇宙之本原，卻以「天道遠，人道邇，非所及也，何以知之」（《左傳·昭公十八年》）為由，不太強調之。然並不因而漠視之，仍主張以人道當「反求其本」（《中庸》第三三章），努力實踐以彰顯天地之道：

> 誠者，天地之道也，誠之者，人之道也。（《中庸》第二十章）

又曰：

> 唯天下至誠為能盡其性；能盡其性，則能盡人之性；能盡人之性，則能盡物之性；能盡物之性，則可贊天地之化育；可以贊天地之化育，則可以與天地參矣。（《中庸》第二二章）

儒家認為「盡性知命」之極，非但可「贊天地之化育」，復可達臻「與天地同參」之境界；其所強調者，即是「人能弘道，非道弘人」（《論語·衛靈公》）之積極觀點〔註60〕。

若易「天道、地道」為「無」、「人道」為「有」，則魏、晉「崇有」一派之立論，則可於儒家天、地、人三道之思想中找到理論之根據。

（二）道家之有無觀之義蘊

先秦道家對「有」、「無」之詮釋，具有兩方面之義蘊：一是「有無相生」；一是「有無相資」〔註61〕。

前者乃就形而上言，認為「有」、「無」是創生萬有之本原：「天下萬物生於有，有生於無」（《老子》第四十章）、「萬物出乎無有」（〈庚桑楚〉）、「有」「無」同為本原，「同謂之玄」是「眾妙之門」（《老子》首章）。但「有」、「無」無法各自獨立而顯其體用，「無」無以自「無」，必待「有」才能彰顯其「無」；而「有」亦不能自「有」，必因「無」才能生「有」。故謂：

> 常無，欲以觀其妙；常有，欲以觀其徼。（《老子》首章）

此乃有無相生之理也〔註62〕。

〔註60〕以上所論參胡哲敷《老莊哲學》，第十六章〈老莊哲學與儒家哲學〉，頁271～286。
〔註61〕參《中國哲學範疇導論》，頁133。
〔註62〕以上所論參王師淮《老子探義》引釋憨山注《老》之語。

後者係將「有無相生」之理落實於現象界後所衍生之命題。意謂「有」必依乎「無」而存在；而「無」亦必由於「有」而顯現，「有」、「無」相反而相成。若：

　　三十輻共一轂，當其無，有車之用。……

　　故有之以爲利，無之以爲用。（《老子》十一章）

道家就其對宇宙之觀察，說明宇宙萬物表現在有無、虛實相資之作用，推演有無相資之理。並指出「執古以御今之有」，以爲「處無爲之事，行不言之教」（《老子》第二章）之立論根據。「處無爲之事」，非不爲也，而是以「無爲」處事，則「出爲無爲，則爲出於無爲矣。」（〈庚桑楚〉）、「無爲而無不爲」（《老子》第三七章）也；「行不言之教」，非不言也，而是以「不言」行教，則「言無言，終身言，未嘗言；終身不言，未嘗不言。」（〈寓言〉）道家「執古御有」之思想雖和儒家「反求其本」之論點，皆有反本之觀念，唯儒家之反本是以「人道」（崇有）爲大本，而道家之反本，則是以「道」（無爲）爲守宗之大本。

　　魏・正始中，何晏、王弼祖述《老》、《莊》之立論，以爲天地萬物皆以「無」爲本（《晉書王衍傳》）〔註63〕。該階段之理論，主要是由王弼「崇本息末」和「崇本舉末」兩個命題開展出來。「崇本」主「貴無」，謂「天地雖廣，以無爲心；聖人雖大，以虛爲主。」（《老子》注，第三八章）聖人體合天地之無心，必以虛爲主，能虛則不爲有所執，不執「有」則「末息」，末息則虛顯；所謂「舉末」是指「天地以無爲用，則莫載」（《老子指略》）〔註64〕，而聖人體合天地之「無爲」，亦不能廢「有爲」，不過「有爲」必以「無爲」爲本，強調「本」之重要性〔註65〕。

　　至西晉・郭象則以「獨化於玄冥之境」，即「跡冥」爲命題，用以明「有」與「無」之關係。郭象以「無爲」爲「本」、爲「冥」；以「無不爲」爲末、爲跡。謂達於「玄冥之境」者，「名無而非無也」（〈大宗師〉注），名有亦非有也，名跡亦非跡也，則跡即冥、冥即跡，而終歸於跡（有）、冥（無）之圓融。郭象以此立論，爲辨聖人體「無」，以「無心」順「有」，即可以「遊外以弘內」（〈大宗師〉注）、「雖在廟堂，無異山林」（〈逍遙遊〉注），雖在山林亦不泯廟堂，「治由乎不治，爲出乎無爲」（〈逍遙遊〉注），治不離不治，不治亦不失有治；爲不離乎無爲，無爲亦不失有爲；跡冥各不相離、各不相失。此即郭象所謂「獨化於玄冥之境」也〔註66〕，亦是有無、本末不相離，又不相失之謂。

─────────────

〔註63〕轉引自湯用彤《理學、佛學、玄學》，頁216。
〔註64〕轉引自同六一註書，頁142。
〔註65〕參高晨陽〈自然與名教關係的重建：玄學的主題及其路徑〉一文。
〔註66〕參牟宗三《才性與玄理》，頁187～189。

（三）佛家有無，頁俗觀之意蘊

繼道家有無本末之命題後，佛教大乘般若又提出「眞」、「俗」二諦爲說有無本末。般若學宣揚「本無」、「性空」，謂「從本以來，無所有，畢竟空。」〔註 67〕以「空」爲「眞」、爲「實相」、爲「本」，相對應於「眞」，則以萬物爲「俗」、爲「假相」、爲「末」，而以不壞世相以證得實相爲依歸。故不管於「眞諦」說「空」、「無」；或於「俗諦」說「色」、「有」，其要皆不出魏、晉本末有無之辨〔註 68〕。

二、焦竑有無、本末、眞俗之辨：

（一）焦竑以「執古御有」匯通三家有無本末真俗之辨

（1）有無之辨

焦竑對於「有」、「無」命題之詮釋，融攝儒、道、佛三家之思想，仍是以「無」（道）作爲宇宙萬有之本原，而以「有」爲萬有。釋〈齊物論〉「吹萬不同，而使其自己也，咸其自取者，怒者其誰耶？」句引《副墨》注曰：

> 言聲萬有不同，而使其自己出者，皆取諸己，而不由於天，則眾竅中之怒而號者誰邪？分明是有眞宰主張之者，而特不得其朕，是以謂之天籟。（卷一，頁二五二）

釋〈大宗師〉「大道有情有信」段，其〈筆乘〉亦云：

> 大宗師者，道也。……道無爲無形也，而曰：有情有信者，自有以觀其徵者言之也。情（者），靜之動；信者，動之符，即《老子》「其中有信之信也」。（卷二，頁三○三）

此處所謂「眞宰」即「大宗師」、「道」之謂也。焦竑指出，道之體雖然恍惚無形、不可捉摸，但道之用，一陰一陽、一動一靜、相感變化，卻是妙用無窮、無爲無不爲〔註 69〕。萬物皆由道而生，萬物終亦歸於道，所謂以「生」爲「始」，以「死」爲「返造化」，「返」即是「不忘其所始」、歸根復命之謂。焦竑於此明「道」乃爲宇宙萬有之本原。

究焦竑推萬物之本原以言之，乃意恐學者徇跡遺心、捨本逐末，而去道日遠，故孜孜以「本」爲談也。《莊子翼》〈人間世〉「孔子適楚」段，其〈筆乘〉即曰：

> 士彰云：〈養生主〉是出世法；〈人間世〉是住世法。余（焦竑）謂：

〔註 67〕見鳩摩羅什《答分破空義》轉引自同六一註書，頁 152。
〔註 68〕參同 63 註書，頁 217。
〔註 69〕參王師淮《老子探義》，頁 89。

出世而後能住世。《老子》所謂「執古之道，以御今之有」也。（卷二，頁
二八六）

釋〈天道〉篇「虛靜恬淡，寂寞無爲，萬物之本也」句，其〈筆乘〉又曰：

「本」，謂本根，言天地萬物皆從虛靜而生，故曰：萬物之本。此又
推本言之，欲人知安身立命於此也。（卷四，頁二五六）

「執古」者，乃是體無、盡無、爲道日損之工夫；「御有」者，即是由體及用之效應。
焦竑認爲，能體無以盡無者，「則一切諸念，當處寂滅，不求靜而自靜，乃眞靜也」
（〈筆乘〉注）〔註70〕。如此便能知常而動止死生廢起，皆無變於己（〈筆乘〉注）〔註71〕，
則可以沒身而不殆矣。「蓋執跡則瞬息已遷，操本則亘古不去」（李士表注）〔註72〕，
唯有「執古御有」、以不變應萬變，才能入於不生不死之境。此焦竑所以以「安身立
命」囑之也；又所以發「出世而後能住世」，意即能出離生死者，而後能入住生死者
之所由也。

（2）真俗之辨

《莊子翼》釋〈繕性〉篇「繕性於俗學，以求復其初」段，焦竑再次重申「執
古」對於養性之重要性。焦竑曰：

……性非學不復，而俗學不可以復性；明非思不致，而俗思不可以求
明。謂之俗者，對眞而言。蓋動念即乖，況於繕？擬心即差，況於思？非
惟無以徹其覆，而祗益之蔽耳。以恬養知，乃復性致明之要。知即人之覺
性。是性也，可以恬養之，而不可以學繕之、思亂之者也。恬者無爲自然
之謂。夫謂之養知，若有心於知矣。不知知體虛玄，泯絕無寄，蓋有知而
實無以知爲者也。故又謂之以知養恬。恬即禪家所謂無知者也。知即禪家
所謂知無者也。即恬之時，知在恬；即知之時，恬在知。故曰知與恬交相
養。如此道德、仁義、忠、禮樂無不一貫之。如木之有根而花實並茂。所
必至者，不得謂之偏行也。若不出於性而第求之禮樂，則逐末忘本，支離
於俗學而天下亂矣。何也？知恬交相養，則仁義禮樂混而爲道德；知恬交
相失，則德道枝而爲仁義禮樂。此學術眞俗之辨。（〈筆乘〉注，卷四，頁
三七八）

佛家謂「擬思即差，動念即乖」，非見性成佛之道，以其有所執著也。焦竑以此況：
心知執著，以致障性亂明，無以求明復性，反益其蔽之意。焦竑認爲，唯有「以恬

〔註70〕見《老子翼》，頁1737，「致虛極守靜」章〈筆乘〉注。
〔註71〕見《莊子翼》卷三，頁347，〈天地〉「夫子問於老聃」節〈筆乘〉注。
〔註72〕《莊子翼》卷一，頁242，〈養生主〉「庖丁解牛」段李士表注。

養知」、「以知養恬」、進而「知恬交相養」之三段進程，方是復性致明之要。所謂「以恬養知」者，即是以「無知」，即無爲自然也，遣其「知」（人之覺性），如此一來，心無所執則心不外馳，而性可復矣；而「以知養恬」者，即是以「知無」（即覺性也）遣其恬（無知）〔註73〕，雖以知養恬，「若有心於知」，實則能知所知俱已「泯絕無寄」，故若「有知，實無以知爲」，而任其自爲也。此即「恬」之時，則「知」在「恬」；即「知」之時，「恬」在「知」。知「知恬交相養」，即「知」、「恬」一如之謂。故焦竑謂「如此則道德、仁義忠、禮樂，無一不貫之，如木之有根，而華實並茂。」焦竑認爲只要能恬能知，極眞守本，執妄並去，而神未嘗困，縱有禮樂，亦不足爲累；反之「逐末忘本」，「知恬交相失」，「跡顯於外」，而「眞亡於內」（《新傳》注）〔註74〕之俗學，一切終成妄境，則去道愈遠矣，焦竑以「知恬交相養」況「眞知」；而以「知恬交相失」比「俗學」，此即焦竑復性致明，眞俗之辨也。

（3）有無本末之辨

焦竑眞俗之辨主在強調「執古御有」之理念，進而證明其「有即無，色即空」（〈齊物論〉〈筆乘〉註）〔註75〕之觀點。蓋其認爲「無」是「有」之本原，「空」亦是「色」之本質；故無須捨「有」以求「無」，「無」即在「有」中，「有」中即有「無」，強調妙徼雙照，有無並觀。〈知北遊〉「知北遊遊於玄水之上」段，其〈筆乘〉曰：

> 「無爲謂」之眞是也，以其不言也。黃帝之不近也，以其言之也。此特相激揚此一大事耳。黃帝之於道，實非減於「無爲謂」也。《淨名經》諸菩薩共論不二法門。淨名獨默然無言，意以無言爲至矣。乃舍利弗默然、天女之不許也。曰：解脫者，不內、不外、不在兩間。言語文字亦不內、不外、不在兩間。是故無離言語說解脫相也。知此則言默一如，知不知一體。有思有慮，亦可知道；有處有服，亦可以安道；有從有道，亦可以得道。何以故？思慮盡空，處服無所，從亦無從，道實非道故耳。（卷五，頁四二三）

佛教認爲「諸法實相」是「不可思議」者，以「有」思有議，即有乖有差；亦即一落言詮，則著形跡邊際，離實相愈遠，故以淨名居士（即維摩詰）之「默然無言」爲不二法門。《老子》亦有「道可道，非常道；名可名，非常名」（首章）之論；《莊子》亦有「所以論道而非道也」（〈知北遊〉）之觀點，二者皆認爲道是不可言詮思慮者。而

〔註73〕見《莊子翼》，頁1994，「知不知上，不知知病」章〈筆乘〉注。
〔註74〕見同七一註書，卷二，頁281，〈人間世〉「且以巧鬥力」段《新傳》注。
〔註75〕見同前揭書，卷一，頁263，〈齊物論〉「夫道未始有封」段〈筆乘〉注。

佛家有以假借依言眞如，來表達離言眞如〔註 76〕之權宜方法；《老子》以有徼妙同觀之立論（首章），《莊子》亦有「得魚忘筌」之語言哲學，由此可見佛、道旨趣有相通之處。

　　焦竑立於「有即無」之觀點，贊譽《莊子》「不腳滛」（〈寓言〉〈管見〉注）〔註 77〕隨跡隨掃之權宜方法，亦認爲「無離文字，以說解脫相」。其曰：

　　　　聖人之道微，非言無以通之；言也者，道之筌蹄，而非道也。……則名言所及皆筌蹄也。……苟可以得魚兔矣，何筌蹄而不可用？苟爲已得魚兔矣，何筌蹄而復當守？」〔註 78〕

故強調以「盡空」進行蕩相遣執之工夫，既蕩文字，復遣其默，有無雙遣，遣之又遣，以至於無言。無言而未嘗不言；言而未嘗有言，「言默一如」、「知不知一體」，此即「不落兩邊」之謂也。由是可知焦竑所謂「盡空」者，實僧肇般若中觀之學也。

　　蓋在焦竑之理解，只要「通本者」，即「不亂於末」；「睹要者」，即「不惑於跡」〔註 79〕。故其於〈讀莊七則〉則有自然名教相資之主張。焦竑曰：

　　　　《老》、《莊》盛言虛無之理，非其廢世教也；虛無者，世教所以立也。彼知有物者，不可以物物；而睹「無」者，斯足以經「有」，是故建之以常無有。……《老子》曰：「執古之道，以御今之有」。夫曰：「今之有」，則「古」之爲「無」可知已。而御「有」者，必取諸「無」，然則謂虛無廢世教，可不可也？是故舜之無爲而治，非不治也，以無爲治也；禹之行其所無事，非不行也，以無事行也。（《莊子翼》，頁二三九）

焦竑透過「執古御有」之命題，力圖將道、儒、佛三教融合爲一。故謂《老》、《莊》非不言「有」也，乃必通「無」；而後可以用「有」。通「無」、用「有」，即「執古御有」；「執古御有」者「當其有，實未嘗有，此乃眞無也。故不滅色以爲空，色即空；不捐事以爲空，事即空」〔註 80〕；故「舜治非不治也，以無爲治之」，則治即不治，有爲亦無爲也。

三、小　結

〔註 76〕參《三教蠡測》，頁 641。

〔註 77〕佛家謂「過河不滛腳」仍有著相之跡；唯有過河腳不滛，才是不離境而又不爲境所著（見《五燈會元》卷十三，參《中國心性論》，頁 286）。焦竑引〈管見〉語本作「不滛腳」，依《五燈會元》之記載，權宜以「不腳滛」論之（《莊子翼》卷七，頁 484）。

〔註 78〕見《澹園集》乙集之九，卷九，〈題四子會解〉，頁 181。

〔註 79〕見同前揭書，卷十，〈參岳彭公傳〉，頁 195。

〔註 80〕見《老子翼》〈筆乘〉注：「道可道，非常道」章。

綜之，焦竑有無、本末、眞俗之辨，非辨其卑高、上下等級之分，而是欲藉「執古（無）以御有」之命題，透過「得魚忘筌」，「不落兩邊」之「中觀」妙用，貫穿其三教一致之理念，將儒、道、釋三家之理融合於一，而此觀點正是焦竑《莊子翼》一書立論之中樞思想。

第六章　焦竑《莊子翼》之影響流傳及《四庫全書》對是書之評價

第一節　焦竑《莊子翼》之影響

一、焦竑《莊子翼》援引資料之影響

　　焦竑《莊子翼》之價值，主在其保存了部分宋、明時期各家注《莊》之重要資料。其予時人及後代之影響，主要者亦在於是書集羅廣博，足資參考方面上。

　　其時人張溥即稱「《莊子》（注者）本多，無慮數十，莫詳於焦氏〔註1〕。」陳治安亦指稱「從來作《莊》者，能盡古今注之善者，鱗次於篇，且考核精詳，未有若焦弱侯之《老莊翼》者也〔註2〕。」其後除研究《莊子翼》者，如明‧董懋策《莊子翼評點》、《莊子翼闕誤附錄評點》、清‧王太岳《莊子翼考證》外；他者引用《莊子翼》者，如明朝陳懿典《南華經精解》、郭良翰《南華經薈解》、黃洪憲《南華文髓》、方以智《藥地炮莊》及清朝馬其昶之《莊子故》等諸家，率皆以集註形式出現，不但援引了焦注，復兼引述《莊子翼》所收之注文，足見《莊子翼》對於研《莊》者，於資料取用之重要性。

　　近人錢穆先生更是大力提倡：「學《莊》者，自陸德明《音義》之下，首當研讀此書」。其原因亦在於《莊子翼》「薈萃宋、明諸家舊誼」，而「今諸家原著多半失傳，僅賴焦書見其梗概」故也。而其《莊子纂箋》之成，亦多得力於《莊子翼》。如：引劉概目下曰：「繼王雱注外雜篇」，乃承焦竑之說而來。援引王安石、王雱及呂惠卿

〔註1〕見（明）譚元春《莊子南華真經評》頁1，序言。
〔註2〕見（明）陳治安《莊子本義附錄》卷八，頁204。

－125－

注者,即曰:「引見《道藏》褚伯秀《南華眞經義海纂微》並焦竑《莊子翼》」;引林疑獨、劉概、趙以夫、林希逸、范無隱、褚伯秀、江遹、劉辰翁及羅勉道等諸家注目亦云:「以上諸家均見《莊子翼》」;又引唐順之、張四維、方揚、方沆、朱得之等各家注目下也說:「以上諸家均見《莊子翼》」。足見錢穆先生之撰《莊子纂箋》,於是書採獲頗多,其受《莊子翼》影響亦可謂深也〔註3〕。

再者嚴靈峰先生編《莊子知見書目》所借助於《莊子翼》者,亦時有所見。如宋朝林疑獨註、陳詳道、劉概、吳儔、趙以夫等諸家注《莊》之資料下,都有「殘,《南華義海纂微》、《莊子翼》並引」之說明。而書目中所引明朝唐順之《荆川莊子釋略》、方子及、方思善《莊義要刪》及徐士彰《莊子解》等,亦註明「未見,《莊子翼》〈采摭書目〉著錄者」〔註4〕。

由是可見《莊子翼》對研《莊》者之重要性。故黃師錦鋐謂《莊子翼》乃是研《莊》者必讀之參考書〔註5〕,誠然也。

二、焦竑《莊子翼》三教歸一觀之影響

焦竑《莊子翼》對後代之影響,除其取材宏博,足資參考之特徵外,其主「老之有莊,猶孔之有孟」之說,對後代研《莊》亦造成空谷回音之影響。若其時釋德清〈觀老莊影響論〉一文,便直接引用焦竑之說,以明其「三教調和」之見解;方以智《藥地炮莊》亦援引《莊子翼》中劉概謂「莊子欲復仲尼之道而非其時,遂高言以矯卑,復朴以絕華;沈濁不可莊語,故荒唐而曼衍」之語(〈天道〉注)以明其「託孤」(莊子乃尊孔者)之言。

而明代小說兩大主潮之一「神魔小說」之中,多反映民族宗教思想之演變,探究此思想之演變當是三教合一、三教同源思想論之進一步發展。其時焦竑致力於融通三教之理,對是時小說之發展,亦必有推波助瀾之功〔註6〕。

三、焦竑《莊子翼》體例之影響

〔註3〕詳錢穆先生《莊子纂箋》序目,頁3~4。錢穆謂:「宋、明諸家注多半失傳」者誠是,然至謂:「僅賴焦竑書見其梗概者」,則有待商榷。蓋《莊子翼》乃承宋‧褚伯秀《南華眞經義海纂微》、(明)孫應鰲《莊義要刪》而多所簡擇,然所錄宋人注者則不及《義海》引注十分之一,故若欲窺宋各家注《莊》之梗概,則當主諸氏《義海》爲宜。

〔註4〕詳嚴靈峰《周秦漢魏諸子知見書目》——《莊子》部分。

〔註5〕見黃師錦鋐《中國歷代思想家——莊子》冊一,頁82。

〔註6〕參《道教史資料》,頁49。

　　《莊子翼》篇目有「題解」之例，後代亦有延用之者，如方以智《藥地炮莊》僅內七篇有題解，且有引自《莊子翼》者；而近人錢穆先生之《莊子纂箋》則更擴及至外雜篇皆有題解之例。

　　其次，焦竑在《莊子翼》中喜援考據訓詁之資料以解《莊子》，尤其外雜篇更多見，此對晚明空談心性之學風，乃至清初實學之興起，皆起一定之作用。然《提要》則將此功歸於方以智，謂：

　　　　……明中葉博洽著者稱楊慎，……次則焦竑亦喜考證，而習與李贄
　　游，動輒牽綴佛書，傷以蕪雜，惟以智掘起崇禎中，考據精核，迥出其上，
　　風氣既開，國初顧炎武……等沿波而起，始一掃懸揣之空談。……（子部，
　　雜家類三，《通雅》提要，卷一一九，頁二五〇〇）

殊不知方以智之開風氣，亦有所承繼焦竑者，以《藥地炮莊》而言，諸多涉及考核之資料，亦多採自《莊子翼》，足見《莊子翼》對後代之影響力。

四、焦竑《莊子翼》沒前人所出之影響

　　焦竑《莊子翼》對於研《莊》者之重要性，自不待言。然其對後代研《莊》者所造成之差謬，亦不可謂不深，學者宜識別之。

其一是託其名者

　　明·黃洪憲《南華文髓》徵引焦竑注者，多達三五條，其中以「焦竑曰」或「焦氏云」者有十七條。然於〈徐無鬼〉「古之真人以天代之」節所引者，乃王雱《新傳》之文；〈馬蹄篇〉「陸居則食草飲水」節所引者，則出自《管見》。至於以「焦漪園云」者，亦有十八條之多，而其間除〈養生主〉「薪盡火傳」節引佛典部分為焦文（亦出慧遠〈神不滅論〉），〈天地篇〉「堯治天下」與〈天道篇〉「孔子西藏書于周室」節部分注與原文稍有出入外，餘率為陸長庚《副墨》之文。

　　無獨有偶，在錢穆先生《莊子纂箋》之中，亦有託名之跡可尋。如〈駢拇〉篇引焦竑曰：「內篇命題各有深義，外、雜篇則但取首字名之，而大義存焉。」等語，乃《莊子翼》引〈管見總論〉之注文。諸如此類託名之現象所造成之錯誤雖較間接，然學者亦當辨識之。

其次是《莊子翼》本身所造成之訛誤：

　　由於《莊子翼》因襲褚伯秀《南華真經義海纂微》及孫應鰲《莊義要刪》者甚多，其襲時人之見，甚或混張三為李四者亦時有所見（詳見本文第四章第三節）。學者若

未潛心詳辨之者，則易爲其所誤導而不自知。

　　若近人陳鼓應先生《莊子今註今譯》可稱得上是當今取材精宏、考勘精詳之著作。然其采錄焦竑〈筆乘〉所舉者，則多爲褚伯秀、羅勉道與陸長庚之注文，並非焦竑一己之見解。此乃焦竑沒前人之出，而後陳鼓應先生疏於考證，遂致踵訛襲謬而不自知者也。

五、小　結

　　這種負面之影響，自宋以來已久矣。學者在重視《莊子翼》之博洽精深，並於予掌聲之餘，豈能忽視《莊子翼》本身所隱含之不良影響？

第二節　焦竑《莊子翼》在日本之流傳

一、焦竑《莊子翼》傳入日本時間之考探

　　焦竑《莊子翼》一書傳入日本之切確日期，今已不可考。根據連清吉先生〈焦竑莊子翼及其在日本流傳之情形〉一文，首引日・慶應大學、斯道文庫所編之《江戶時代書林出版目錄集成》一書之著錄，得知：從日・寬文十年（西元一六七〇年，即清・康熙八年）至元祿十二年（西元一六九九年，即康熙三七年）不及三十年之間，日本坊間先後出版焦竑《老莊翼注》凡六次，每次皆爲十八冊，今依連先生所考臚列於下：

寬文十年	（西元一六七〇年）	十八冊
寬文十一年	（西元一六七一年）	十八冊
延寶三年	（西元一六七五年）	十八冊
貞享二年	（西元一六八五年）	十八冊
元祿五年	（西元一六九二年）	十八冊
元錄十二年	（西元一六九九年）	十八冊

（《老莊翼注》北海・焦弱侯編訂，建業・王元貞校閱並序，採古今注解而解）

　　又根據連先生之考：大庭脩《唐船持渡書研究》一書稱：於日・文元四年（西元一七三九年，即清・乾隆三年）《商舶載來書目》中載自中國輸入書籍，其中有焦竑《老莊翼注》一部一套〔註 7〕。觀其出版之情況，推其傳入日本之時間，必當在寬文十

〔註 7〕以上所論參連清吉先生〈焦竑《莊子翼》及其在日本流傳情形〉一文。本單元於是文採擷頗多。

年（西元一六七○年）之前。蓋承應二年（西元一六五三年）小出立庭所撰《翻刻日文標點莊子翼》十一卷，即據焦竑《莊子翼》本翻印而來。又較早之小野壹於寬永十年（即西元一六三三年）所撰之《老子鬳齋口義抄》亦引用焦竑《老子翼註》〔註8〕。據此推求焦竑《莊子翼》之傳入日本之時間，最早當可溯自西元一六三三年之前。何以證之？

　　根據前所引《江戶時代書林出版目錄集成》之著錄及《商舶歲末書目》之記載，《老莊翼注》皆並行，其次元文五年（西元一七四○年）近滕舜政之《老子答問書》亦是《老莊子翼》並提。觀近滕氏曰：

　　　　《老子》注自韓非子〈解老〉、〈喻老〉而後，有嚴君平之《指歸》、
　　　　河上公之《章句》、王弼《注》……林希逸《口義》，……《老莊翼》，《老
　　　　莊翼注》……等。此外尚有多種，其大致如此。……何以我邦盛行鬳齋之
　　　　《口義》、《莊子》、《列子》亦如此〔註9〕。

《老莊翼》既然並刊，而小野壹又於西元一六三三年（即明‧崇禎六年）引用焦竑《老子翼注》，則《莊子翼》之傳入日本，必當亦在該年，甚或更早才是。再者明‧萬曆十六年（西元一五八八年）長庚館所初刻《老莊子翼》即是合刻刊本，而日本所流傳之本子，亦皆為合刻刊本，《莊子翼》之傳入日本，是否能上推至是年，則有待進一步之考查。

二、焦竑《莊子翼》流播日本原因之探究

（一）與宋‧林希逸《口義》流播日本有關

　　至於《莊子翼》何以被日本引入並出版之原因，則是值得探討之問題。根據連清吉先生之研究，認為是書在江戶初期流傳日本之原因主要有二：一則是得力於新注引用之須要；另則是得力於當時儒、佛、道合參之學術風氣使然。其後流傳日本之原因，則是鑑於其旁徵博引，足資參考之故。而諸原因皆與林希逸《口義》在日本之流傳有著密切關係〔註10〕。

　　蓋日本在室町朝（西元一三三六年～一五七三年）初期之前（即平安、鎌倉時代），談《莊》者，率皆以郭象注本為主，直至五代南禪寺僧得嚴（惟肖），始捨棄郭象注，改根據

〔註 8〕參嚴靈峰《周秦漢魏諸子知見書目》卷一《老子》部，頁385，卷二《莊子》部，頁300。

〔註 9〕近滕氏之說，轉引自日‧池田知久〈林希逸《莊子鬳齋口義》在日本〉一文。本單元於是文亦多所參考。

〔註10〕參同註7。

林希逸《口義》以講授《莊子》。此情況可由林羅山〈答祖博〉之信及其《老子鬳齋口義》跋中得到印證。林羅山於元和四年（西元一六一八年，即明・萬曆四六年）爲《老子鬳齋口義》訓點後，於〈跋〉中曰：

> 本朝古來讀《老》、《莊》者，《老》則用河上公，《莊》則用郭象，《列》則用張湛，而未嘗有及希逸者。近代南禪寺沙門（得嚴）惟肖當聞《莊子》于耕云老人・明魏，而後惟肖始讀《莊子希逸口義》，爾來比比皆然。雖然未及《老子希逸口義》，至今人皆依河上。……（《林羅山文集》卷五四）

在此之前（長慶七年，西元一六〇二年，即明・萬曆三十年）林羅山在〈答祖博〉信中，亦指出當時南禪寺學《莊》之情況。林氏曰：

> 本朝昔儒注疏不見《口義》，南禪寺（得嚴）惟肖始讀《口義》，今時往往人皆得見之。（《林羅山文集》卷三）〔註11〕

此後林羅山之三子林恕（西元一六一九～一六〇八年，即明・萬曆四七年～清・康熙十八年）在序小野壹《莊子鬳齋口義棧航》一書時（西元一六六一年）亦云：

> 龍罩僧得嚴就明魏問郭注。既而得希逸《口義》占畢之，自是以降，郭《注》廢而《口義》行矣〔註12〕。

此種廢舊注而轉探求新注之狀況，即是《口義》流行於日本的原因之一。根據連清吉先生推探，認爲焦竑《莊子翼》之傳入日本，並在民間出版，亦是在此新注引用之風氣下所產生者。

今考得嚴惟肖（西元一三六〇～一四五七年，約我元末明初）乃是室町時代（西元一三三六～一五七三年），即「五山臨濟宗禪僧時代」之重要人物之一。「五山」自得嚴惟肖占畢《口義》並撰《莊子口義抄》之後，便已形成學《莊》必用《莊子鬳齋口義》之傳統〔註13〕。何以在眾家注本中〔註14〕，得嚴惟肖獨鍾情《口義》而捨他注？根

〔註11〕以上林羅山之説，轉引至池田知久〈林希逸《莊子鬳齋口義》在日本〉一文。。

〔註12〕見同註8。

〔註13〕所謂「五山禪僧」云者，乃指約當宋代以京都爲中心的天龍、相國、建仁、東福、萬壽等五寺，以及以鐮倉（西元一一八五～一三三三年）爲中心之建長、丹覺、壽福、淨智、淨沙等五寺爲「五山」，而此兩中心之最高禪寺，即爲京都之南禪寺。因此「五山禪僧」非僅成爲禪學之中心，而且成爲文學、藝術、儒學（含老莊思想）命脈之所繫。其對社會影響之大，由是可見（見臧廣恩〈老莊思想在日本的影響〉一文）。得嚴惟肖著有《莊子口義抄》，此乃《口義》在日本最早之相關著述。（參日・森三樹郎《老子・莊子》，頁146）

〔註14〕根據日本平安朝初期（西元794～894年），藤原佐世之《日本國見在書錄》之中，就列有二十種以上關於《莊子》注解之書籍。其中以郭象注最受推尊，其次爲成玄英注。（參日・森三樹郎《老子・莊子》）。

據林羅山等之說法，主要是「本朝昔儒讀注疏不見《口義》」之故，一旦得之，也就格外珍惜，以是「占畢之」，此即連先生所謂對新注之嚮往與探求所影響也。

再者則是「五山」既精研臨濟禪法，復探討《莊子》，於儒學則又倡程、朱理學，形成「三教一致論」之思潮。而林希逸《莊子口義》之所以被「五山」垂青進而風行日本，即是拜此思潮之賜。據簡光明學長《林希逸莊子口義研究》曰：

> 林希逸的《莊子口義》不但用禪宗（尤其是臨濟宗）解《莊》，更以
> 《論語》、《孟子》、《大學》、《中庸》注《莊》，書中用宋儒（尤其是朱子）
> 的觀念釋《莊》者亦多，這些條件正好適合日本的學術環境，故日本研究
> 《莊子》者，多以林氏之書為據本〔註15〕。

此說甚中《口義》之所以披靡於日本學術界之實況，即與「理學」有關。蓋朱子學創始人林羅山（西元一五八三～一六五七年，約明末～南明）訓點《口義》之後，更助此風之蔓延。以至江戶（西元一六○三～一八六七年）初期，日本之學術界幾乎籠罩於「五山」以來三教合參之學風下。其中「朱子學」乃江戶朝欽定之官方哲學，而林羅山則是官學領導人物之一，其不但致力於「三綱五常」之倡導，且對江戶幕府之「大義名分論」甚表推崇，故備受德川之重用，其後亦代代成為幕府之紅人，可見林氏對江戶朝之影響力〔註16〕。由是可推林希逸《口義》之所以盛行於日本之由，除學術因素外，林羅山挾政治之影響力亦是主因之一，顧其媒介則主要是在於《口義》不若郭象注之霧露難解，而較古注轉具明快，易引初學者登堂入室故也〔註17〕。

據連清吉先生之看法，焦竑《老莊翼注》得以流播日本，亦得力於此股風潮之運會使然。誠然，焦竑是位懷抱「三教一致論」者，其《老莊翼注》亦具此特色（詳第二章第三節、第三章第二節）。其採輯之注家有以儒解《莊》者，若郭象之屬；有以道解《莊》者，褚伯秀是也；亦有以佛解《莊》者，如陸長庚者也；而其〈筆乘〉亦是儒、佛合參，不但引《佛典》解《莊》，更引《論語》等注《莊》。其以三教解《莊》之特色類林希逸，其受民間接受亦是緣於此因也。

（二）與全錄郭象注即其本身搜羅廣博有關

然而，隨著「徂徠學派」（古學）之興起以及「陽明學」之隆盛，林希逸《口義》

〔註15〕見簡光明學長《林希逸口義研究》，頁140～141。
〔註16〕參伊文成〈儒家思想在日本的傳播〉一文。
〔註17〕林羅山雖是官學紅人，然對林希逸《口義》之提倡則不遺餘力。其在〈答祖博信〉中即有謂：「余思注疏雖古而未若《口義》之為明快也。況古人論郭象之霧露乎。」（見同註2）可見其特鍾愛《口義》是由於郭象注如霧露，不易深入理解，而《口義》則較古注為明快，易於登門入室故也。

便在此股學術思潮之更迭中，逐漸沒落。相對於《口義》之頹落，郭象注（古學）之抬頭，同時亦更促成焦竑《老莊翼注》之流播日本。

　　案荻生徂徠（西元一六六六～一七二八年）所領導之「徂徠學派」與以林羅山為首之「朱子學派」乃呈對立之局面，故其排斥《口義》，而轉推崇郭象注〔註18〕，亦屬必然之勢。徂徠氏於享保十二年（西元一七二七年）之《答問書》中即對《口義》展開嚴厲批評，認為「漢以前之書籍《老》、《莊》、《列》之類蓋人知見，林希逸之解（指三部《口義》）則不佳。」其後徂徠氏之高徒，若服部南郭則於元文四年（西元一七三九年）校訂並刊行《郭注莊子》，而太宰春台（西元一六八○～一八四七年）則於其《紫芝園漫筆》一書中對《口義》進行口誅筆伐之能事。謂「林希逸《老》、《列》、《莊》口義最為鈍劣淺學，不足取也」（卷五）並進而批評其「三教一致論」是既不知三子，又不知儒釋之道者。見其太宰氏曰：

> 宋儒之愚者，當以林希逸為最矣。夫為《老》、《列》、《莊》三子著《口義》，往往傅（附）會以釋氏之說，又時以吾聖人之道較之。夫三子之所以為道，與吾聖人皆異其指。雖間有如同者，但其末而已。希逸見之，因欲合而一之。所謂不揣其本而齊其末者也。既不知三子，又不知釋氏之道，何況吾聖人之道乎？（卷八）〔註19〕

《口義》以「三教一致論」及「淺顯明快」之特點，受「五山」及「朱子學派」之青睞而風行日本，卻也因此而受「徂徠學派」立於「古文辭學」之學問方法論之基點上，遭大肆攻擊而急遽失勢。至十八世紀中葉時，《口義》則幾乎呈沈寂之態，迨及十八世紀末，《口義》方又漸活躍起來。

　　反觀焦竑《老莊子翼注》卻因郭象注之受推尊而大行其道。究其原因，則與焦竑《莊子翼》全錄郭象注有關。蓋徂徠學派推尊郭象注，在愛屋及烏之效應下，亦必重視全錄郭注之《莊子翼》。此點同時亦可印證連青吉先生所謂：到江戶中晚期之後（亦即大約十八世紀中葉，《口義》衰微之後），研究《莊子翼》者，大都著重在《莊子翼》旁搜博引之便利上之說法。諸如角田青溪之《莊子翼解》（西元一七八八年）、龜井昭陽之《莊子瑣說》、以及服部宇之吉之《校訂眉評莊子翼》（明治四四年，即西元一九一一年）（收入《漢文大系》〈富山房刊〉）。除了田青氏之書今未可見知外，至於龜井氏之書，不但引用焦注，並引述《莊子翼》所收褚伯秀《南華真經義海纂微》之注文。而服部宇之吉則在解題中明確表示，其將《莊子翼》收入《漢文大系》之著眼點，亦在於

〔註18〕徂徠學派特重郭象注之由，乃因郭象注中有「知足安分」之思想，有助於「徂徠學派」鞏固江戶時代「士農工商」之階級地位，以確保在上者之利益故也。

〔註19〕以上引論，參同註8。

「《莊子翼》取郭象以下數十家」之旁徵博引，有利於《莊子》研究之特點上〔註20〕。

其他如吉田義成之《現代語譯莊子》（大正十年，即西元一九二一年）即以《莊子翼》爲取捨之標準。倉田美貞、藤原高男之《城山先生手批本莊子書之研究》（昭和三八年，即西元一九六三年），亦藉焦竑《莊子翼》以明其見解〔註21〕。而早在東條保（宇淡齋）、尾張秦鼎所標註補義之《莊子因》（寬政八年，即西元一七九六年），業己大量引用焦竑《莊子翼》諸家註，尤其是〈筆乘〉。省軒龜谷行爲該書作序時（明治乙酉年），便直截地稱贊《莊子翼》在眾家註中之殊顯地位，其曰：

> 文莫奇於《莊子》，而最爲難讀。解之者數家，郭象、林希逸、焦弱
> 侯殊顯。……〔註22〕

是言不但可見《莊子翼》於是時之地位，亦足見自十八世紀中葉《口義》沒落、郭象注抬頭後，至十九世紀初已逐漸形成郭象、《口義》、《莊子翼》三家鼎立之概況。

三、小　結

值得注意者，中國「陽明學」（西元一四七二～一五二九年）於十六世紀中葉即已傳入日本，至十七世紀三十年代蔚爲日本「陽明學派」，而於江戶後期呈隆盛階段〔註23〕。此時亦正是焦竑《莊子翼》較被廣泛研究參考之際，身屬陽明學派下泰洲一派代表分子之焦竑，其著作流入日本並廣爲日人所注意，豈與此風無涉哉？

第三節　《四庫全書提要》予《莊子翼》之評價

一、《四庫全書提要》之評《莊子翼》

《四庫全書總目提要》（以下簡稱《提要》）對於焦竑治學兼取瞿曇氏，極表不滿，非評其「雜以異說，參合附會」、「乖迕正經，有傷聖教」者，即以「狂禪」譏之，不甚友善。然於《莊子翼》兼取釋氏之說，則未庇隻字，反倒稱是書采摭「究多古書，固較流俗註本有根柢」，甚至稱焦竑「講《老》、《莊》之書，乃多得本旨〔註24〕。」

〔註20〕以上所論，參同註7。服部宇之吉《校訂眉評莊子翼》自大正三年至大正九年凡十版，足見焦書之受喜愛程度。

〔註21〕參同註7。

〔註22〕〈標註補義莊子序〉見《標註補義莊子因》序一。

〔註23〕日·「陽明學派」之創始人中江藤樹（西元一六〇八～一六四八年）視「陽明學」爲打破階級藩離之理論武器，其曰：「心學爲出凡夫至聖人之道」。（《翁問答》）（見李甦平〈中日陽明學比較〉）

〔註24〕見《欽定四庫全書簡明目錄》冊六，卷一四，子部，道家類，頁248，《老子翼》三

其對焦竑《莊子翼》之評價，是有別於他書。唯《提要》對是書仍有微詞者，乃是書之體例不若《老子翼》嚴謹耳。以下全祿《提要》全文以明之：

> 明‧焦竑撰是編，……體例與《老子翼》同。前所列載書，……今核其所引，惟郭象、呂惠卿、褚伯秀、羅勉學（道）、陸西星五家之說爲多，餘特間出數條，略備家數而已。……又稱「褚氏《義海》引王雱註內篇，劉概註外篇（當是註「外雜篇」），《道藏》更有雱《新傳》十四卷，豈其先後所註不同，故並列之歟！今採其合者著於編，仍以《新傳》別之。」云云。今考書中所引自雱《新傳》以外，別無所謂雱註。而〈養生主〉註引劉概一條，則概註亦有內篇，其說殆不可解。蓋明人著書，好誇博奧，一核其實，多屬子虛。萬曆以後風氣頹然，固不足深詰也。至於支遁註《莊》，前史未載，其〈逍遙遊〉義，本載於劉孝標《世說新語》註中，乃沒其所出，竟標支遁林註，亦明人改頭換面之伎倆，不足爲憑。然明代自楊慎以後，博洽者無過於竑，其所引據，究多古書，固較流俗註本有根柢矣。末附《莊子闕誤》一卷，乃全錄陳景元《南華經解》之文，亦足以資考證。又附刻一卷，列《史記‧莊子列傳》、阮籍（〈莊論〉）、王安石〈莊子論〉、蘇軾〈莊子祠堂記〉、潘佑〈贈別〉、王雱〈雜說〉、李士表《莊子九論》。考南唐‧潘佑以直諫見殺，而此列蘇軾、王雱之間，未審即其人否？李士表自陳振遜《書錄解題》已不知爲何許人，《宋史藝文志》載其《莊子十論》一卷，此惟存其九，亦未喻何故？又此《九論》書中已採其〈解牛〉、〈壺子〉、〈濠梁〉三篇，而仍全錄之於末，亦爲例不純，殆隨手編纂，未及刪併之故歟〔註25〕？

二、考探評述《四庫全書提要》對《莊子翼》之意見

茲就《提要》之議評與疑慮，提出個人之淺見，以明《提要》之評然否，並期釋《四庫》之疑：

（一）關於《提要》譏焦竑《莊子翼》「略備家數」、「多屬子虛」及「沒其所出」者

案：焦竑《莊子翼》所采摭之書目，實以郭象（二六八條）、呂吉甫（二三三條）、《循

卷、〈考翼〉一卷。

〔註25〕見《四庫全書總目提要》卷一四六，子部，道家類，頁3042，《莊子翼》八卷、《闕誤》一卷、《附錄》一卷〈提要〉。

本》(八二條)、〈管見〉(七八條)、〈筆乘〉(四二條)、《副墨》(三○條) 等六家爲多。至其稱「旁引他書，互相發明者，自支遁以下凡十六家者」，則與事實不符。

　　蓋考書中所引，除〈筆乘〉稱引四二條，洪邁《容齋隨筆》、張湛註稱引三條，楊愼《丹鉛錄》稱引五條，江遹註稱引十條，支道林註、《肇論》、向秀註、司馬彪註及蘇子瞻〈廣成解〉等皆各稱引一條外，餘則未見其稱引李頤註、梁‧簡文帝《講疏》、張機《講疏》、梁曠《南華論》及成玄英《疏》者。雖焦竑於《莊》文每段之下，實有稱引李頤、簡文帝所註之內容者，然此乃屬章句音義部分，且率出自《莊義要刪》而沒之。而引成《疏》者，亦蓋不註出處，其中或有將成玄英《疏》與褚氏〈管見〉混之者，若釋〈齊物論〉「慮嘆變熱姚佚啓態」引〈管見〉云：「慮則預度未來，嘆則咨嗟既往」等語，實乃成玄英所疏之語。此疏失之處，宜《提要》評其「略備家數」者也。此外，王雱例亦屬之。

　　至謂「沒其所出」者，《莊子翼》中則屬多見，尤其是〈筆乘〉。有直接抄錄〈管見〉而竟自冠以〈筆乘〉之名者，如釋〈列御寇〉「賊莫大乎有心而心有賊」者，〈筆乘〉云：「釋氏所說五種眼，唯天眼、肉眼在面，慧、法、佛眼皆在心。彼心眼者，德之成，此心眼者，德之敗。」等語，即是褚氏之注文。據筆者粗略考核，〈筆乘〉中直有三分之二是掠人之美者(詳本文第四章第三節)。諸此，宜《提要》復有「多屬子虛」及「沒其所出」之譏也。

（二）關於《提要》譏焦竑《莊子翼》一書中「別無所謂雱註」者

　　案：王雱《莊》論，《宋史藝文志》不見著錄。僅見宋‧晁公武《郡齋讀書志後志》載「王雱《莊子注》十卷」〔註26〕，及《道藏》本收有王雱《南華眞經新傳》二十卷 (以下簡稱《新傳》)、《拾遺》一卷。

　　其中雱《莊子注》僅內篇四條見引於褚伯秀《南華眞經義海纂微》(以下簡稱《義海》)，今持之以校《新傳》內篇注，得其所注之內容完全不同。意此《義海》所以特標雱註內篇，而雱自分題《莊子注》及《新傳》之由，蓋有識別之意也。而《提要》失察，竟混二爲一〔註27〕。

　　焦竑雖稱有疑其先後之不同，且將其所采錄之書目，各標以雱註及《新傳》以資別之。然考《莊子翼》，除錄《新傳》內篇注九條、外篇注九條及雜篇注五條外，

〔註26〕參嚴靈峰《周秦漢魏諸子知見書目》卷二，頁87～88。
〔註27〕案《提要》既錄王雱《南華眞經新傳》二十卷，復稱「晁公武《讀書志》作十卷，此本倍之。」將之混爲一談，故有「《讀書志》誤脫二字，或明人重刊，每卷分二」之誤判。(見《提要》卷一四六，子部，道家類，頁3034，《南華眞經新傳》二十卷〈提要〉)

余則別無《義海》所引之雱註。則此實焦竑《莊子翼》疏略之處耳。

（三）關於《提要》譏焦竑《莊子翼》引「劉概註外篇」、又「〈養生主〉註引劉概」，為多屬子虛者

而劉概者，《宋史》無傳，其解《莊》之資料今則殘缺不全。《義海》於〈今所纂諸家註義姓名〉中稱「王雱註內篇，劉概注外雜篇繼雱之後」，意即劉概並未註內篇。

然考《義海》所錄劉概注者，除外篇注三條、雜篇注六條外，並引其注〈養生主〉「薪盡火傳」一條。焦竑《莊子翼》則承《義海》而失察，故有《提要》所謂「殆不可解」之書目所稱與內容所引互為矛盾之現象。此疏略矛盾之象現，《提要》則稱「固不足深詰也」。以明人，尤其是萬曆以後著書風氣，皆「好誇博奧」使然。殊不知其誤源乃出自「得明人書百卷，不若得宋人書一卷」中所謂之宋人〔註28〕即褚氏者也。劉概之註內篇，除《義海》、《莊子翼》並引〈養生主〉一條外，另有〈應帝王〉「儵忽報恩」注一條，並見明‧陳懿典《南華經精解》及黃洪憲《南華文隨》稱引，余者今殆不可考〔註29〕，此皆足為劉概注內篇之證也。

（四）關於《提要》未審《莊子翼》中所引「潘佑」為何人者

案：潘佑者，確為南唐之潘佑。考《宋史》卷四七八、潘佑傳僅載：「潘佑為南唐散騎常侍處常之子」、「知制誥，為內史舍人」，嘗「以直諫李煜，煜不納，遂自縊死」〔註30〕並未及潘佑為〈贈別〉事。

然考陸游〈南唐書〉卷十三、潘佑傳則載有：「（佑）酷喜《老》、《莊》之言，嘗作文曰：『莊周有言，得者，時也；失者，順也。安時處順，則安樂不能入也。僕佩斯言久矣。』」以下通篇大抵以「復歸於無物」論《莊子》「得時失順」之義。及文末則云：「安得如列御寇、莊周者，焚天下之轅，釋天下之駒，浩浩乎復歸於無物歟？此吾平昔所言也，足下之行，書以贈別。」云云。

佑「學《老》《莊》、齊生死、輕富貴」，為此文以贈友人〔註31〕，故焦竑將之採入《莊子翼》〈附錄〉內。唯焦竑對於所采書目之排列，並無嚴格之定例。若自郭

〔註28〕黃汝成《日知錄集釋》〈曰釋十八、竊書〉條，頁33。

〔註29〕劉概注〈應帝王〉「儵忽報德」者曰：「儵者，喻昏黑無象也；忽者，喻荒忽無形也；渾沌者，無孔竅清濁未分也。儵忽之間，渾沌已破，言保之甚難，而散之甚易也。三者稱帝，謂帝王之道，以純樸未散，自然為貴。」蓋以道解《莊》者。見陳懿典《南華經精解》，頁237、黃洪憲《南華文髓》，頁184稱引。

〔註30〕《提要》謂潘佑「以直諫見殺」，與史實不符。《宋史》卷四七八，《列傳》第二三七，《世家》一，頁13868。參余嘉錫《四庫題要辨證》卷十九，子部十，頁119。

〔註31〕見《欽定四庫全書》四六四冊，史部二二二，載紀類，頁458。

象以下至《管見》者，大抵承《義海》依朝代（晉、宋）而不依年次爲例；又其所增自《新傳》以下至《莊義要刪》者，亦如是排列。然於旁引他書及章句音義之部者，則不按朝代先後措置。諸如支道林、僧肇者，皆爲東晉時人，焦竑則將之列於向秀、崔譔（西晉）之前；又賈善翊者，北宋人，竑亦將之列於司馬彪（西晉）、陸德明（唐初）之前。足見焦竑《莊子翼》對於書目年代先後之安排，並無嚴格之定例。顧其將南唐之潘佑，列蘇軾、王雱之間，亦就不足爲奇，而《提要》疏於考證，竟以「未審即其人」作罷，此方足怪也。

（五）關於《提要》未喻《莊子翼》中所引「李士表十論」爲何故者

案：李士表者，南宋人，《宋史藝文志》載其著有《莊子十論》一卷〔註32〕。

考褚伯秀《義海》書目亦稱士表作《莊子十論》，然內容所錄僅〈解牛〉等三論，未能窺所謂「十論」之全。復考日本・寬永六年十一月（西元一六二九年）「二條通觀音町風月宗知」所刊林希逸《莊子鬳齋口義》之本子，即附有教授李士表《新添莊子十論》，分別題爲〈莊周夢蝶〉、〈庖丁解牛〉、〈藏舟山於壑澤〉、〈顏子坐忘〉、〈季咸相壺子〉、〈象罔得元珠〉、〈莊周游濠梁〉、〈醉車者墜車〉、及〈古之道術〉及〈宋華子病忘〉等。然考明《正統道藏》中所收太學教授李士表之《莊》論則更名爲《莊列十論》〔註33〕。審其更名之由，蓋《莊子》一書，並無所謂「宋華子病忘」之內

〔註32〕見《宋史》卷四，頁5781（鼎文書局版）。清・陳振遜《書錄解題》，頁282亦列《莊子十論》一卷，題李士表撰。

〔註33〕李元卓（士表）《莊列十論》並見載於《正統道藏》本，第五四冊，頁814～824。茲依日本風月宗知所刊之《口義》本，將〈宋華子病忘〉第十原文附錄於附註後，以資參考。《新添莊子十論》教授李士表述，〈宋華子病忘〉：「宋者，火所次而明；陽者，性常浮而動。里則處而非奧；華則浮而離根。子則又其嬰孩之時也；中年則湛人偏之己深；病忘則還性天之蹔復。而謂之病者，是世俗之病，非迷罔之疾也。故動而開天，所以生智惠（「惠」字，《道藏》本作「慧」）；靜而藏天，所以全淵默。德有心，則作德於物；物之知心有眼，則役心於物；物之見知見立，則方寸擾矣。本然之忘悕，不爲迷忘情之息，反以爲病，安知？夫古人語致道者，必貴忘心乎？夫人相忘於道術，眞也；魚相忘於江湖，性也。有足則屨，非眞忘足，則屨適矣；有腰則帶，非眞忘腰，則帶適矣。隨煙而上下者，忘火也；操舟而若神者，忘水也。醉者，墜而不傷，忘車也；兀者，喪而不見，忘足也。彼忘者，若是其眞也。宋子之病，幾其眞者歟？眞則致一矣。夫朝取而夕忘，一於朝也；夕與而朝忘，一於夕也。在塗則忘形，一於塗也；在室，則忘坐，一於室也。今不識昔，一於今也；後不識今，一於後也。忘取與，是忘物也；忘行坐，是忘所也。□（缺字，《道藏》本作「卒」）也。後先之不識，非獨忘也。且獨奈何以此而謂之病之耶？即已謂之病，則宜有受之者。忘則又其受之者，誰乎？不知未嘗問，且闔室而毒之。毒佛已，又從卜之，不知此非吉凶之所能知也；卜之不已，又從而禱之，不知此非鬼神之所能窺也；禱之不已，又從而醫之，不知此非陰陽之所能寇也。三者無所用其術，儒者攝（躡）其後而唱之，欲求治。魯者，文物之地。儒者，仁義之術大全，自此折（「折」字，據前後文意，

容者，其乃《列子‧周穆王篇》第九之章節，故《道藏》本析別之。

焦竑於《莊子翼》書目之稱「元卓莊列十論」，可說是承《道藏》本而來。其於附錄一卷則僅錄《莊子九論》部分，並將篇名省為〈夢蝶〉、〈解牛〉、〈藏舟〉、〈坐忘〉、〈壺子〉、〈玄珠〉、〈濠梁〉、〈墜車〉與〈道術〉。焦竑既署《莊子九論》，自不入〈宋華子病忘〉論。而《提要》疏於考證，宜其有「未喻何故」之惑矣！

（六）關於《提要》譏《莊子翼》全祿「李士表《莊子十論》」乃「為例不純」者

其次，焦竑《莊子翼》承褚氏《義海》者多（詳本文第四章第一節）。其中採李士表〈解牛〉等三篇，即全錄自《義海》〔註34〕。

考褚氏《義海》引李士表〈解牛〉等三論，並非悉依原文，而是片斷擇錄，其中或增、或刪、或改，皆並而有之，可說幾失卻李書之本來面目。諸如：〈解牛〉篇「而謂之解牛者」褚氏作「莊子所謂解牛者」。「離心冥物」褚氏作「離物冥心」。又「且以刀則十九年曆陰陽之數」，褚氏則省「刀則」二字，並易「以」為「所」等等。〈壺子〉篇，「彼無心者」，褚氏作「彼至人者」。而「至人未始有心」褚氏則更為「壺子未始有心」。又「且曰：見吾杜德機。又曰：殆見吾善者機。又曰：是見吾衡氣機。皆曰：吾者猶且玄我。……」褚氏則省為「見我三機則猶立」……等等。而〈濠梁〉篇褚氏作「物莫其乎道，則於我也何擇？性莫足乎天，則於我也何有？」然李士表

應作「祈」）也。然後（「後」字，據前後文意，應作「彼」）自無疑，則卦卜奚占？彼自無愆，則祈請奚禱？彼自無疾，則藥石奚攻？欲其忘，誠（「誠」字，考諸原文，應作「試」）化其心，使心有知；試變其慮，使知有以。露之，使知寒；幾之，使知飢；幽之，使知明，心非一，而為物耦矣。其寒，而知求衣；其飢，而知求食；其幽，而知求明，見非獨，而心有對矣。鑿之七日，混沌之七竅遂開；除之一日，世間萬態俱起。大怒而黜妻子，知其有親於我，而責之深也；操戈而逐儒生，知其求於我，而憾之切也。十九年之境頓生；須臾之忘，安得？是故存亡也、得失也、哀樂也、好惡也，向也各各不知，今也營營不已。蓋無心則忘，有心則恐。是八者，安知足以累心乎？子貢問孔子而怪之，以其溺於博學之辨也？子貢（「子貢」字，據考諸原文，應作「孔子」）顧謂顏回而記之，以其造於坐忘之盧也。然華子病忘，非誠忘也。當其忘，則釋然而忘；及其悟也，則怫然而恕。是將以擾擾者為妄耶？默默者為真耶？特不知忘時，擾擾之境自存；悟時默默之妙非遠。夫何恐之有？嗚呼！心本無心，因物有心，故心亡為忘；智本無智，因知則智，故智徹為徹。德徹，則不知忘之為忘，而忘亦忘矣。古之人，貴夫坐忘而遺照。」新添莊子十論卷終　寬永六年十一月吉辰（二條通觀音町風月宗知刊行）

〔註34〕李士表〈解牛〉、〈壺子〉、〈濠梁〉等三篇，分別見擇錄於褚氏《義海》卷五，頁312、卷二一，頁 394～395、卷五五，頁 545。焦竑《莊子翼》（《金陵叢書》本）卷一，頁 32、卷二，頁 317、卷四，頁 391。焦氏所引和褚氏則完全相同。《莊義要刪》僅錄〈壺子〉、〈濠梁〉兩篇耳。

原論則為：

> 物之所同者，同乎一，一之所同者，同乎道。道之所致無所從來，生者自生，而生本無生。形者自形，形者本無形。凡森布於貌象聲色之間者，無不具此道，我於物奚擇焉？一性之分，充足無餘；一天之遊，逍遙無累，物與我咸有焉？

其他尚併有上下文倒措者，如〈濠梁〉李氏本作：

> ……視死如生，視富如貧，視周如魚，視人如豚，視我如人，在物者蓋如也。如則物物至游，無非妙處，奚獨濠梁之上也哉！如則物物皆真樂，無非天和，奚獨儵魚之樂也哉！吾知夫周與魚未始有分也。……古之明乎至樂無有常見者，見於其言矣。曰：奚樂？奚惡？

褚氏《義海》則作：

> ……視生如死，視己如魚，視豚如人，視人如豚，在物者蓋如是也。若然則在在皆至游，而無非妙處；物物皆真樂，而無非天和，奚獨濠梁之上，儵魚之樂哉！吾知莊之與魚未始有分也。唯明至樂無樂，真知無知者（此句由上文移此），可以語此。

經由諸引文之互校，可知褚氏引書之概況。所謂李士表註者，事實上已滲入褚氏個人之意見。且其所采〈解牛〉等三論，並非是全錄之文，若〈壺子〉、〈濠梁〉者，則僅擇原文之二分之一強，而〈解牛〉者，亦僅錄三分之一強耳。試問，就此支解之內容，後之學《莊》者，如何能據以識元卓之全貌哉！

故焦竑《莊子翼》之全錄元卓《莊子九論》，實有助學者之辨李、褚也。此正如其雖於書中引用《莊子闕誤》所校勘之文，而於附錄則仍全錄之用意相同。然《提要》不辨其實，直稱全錄《莊子闕誤》為有功於考證之資，然於全錄《莊子九論》，則轉議評此乃「為例不純」之缺失。《提要》之評斷，足以深服人哉？

三、小　結

要之，《提要》對於《莊子翼》之評價，確實能一針見血，直揭是書「沒其所出」及「略備家數」之缺失，然於潘佑、李士表二人之身份及著作之確認，卻僅以「未審其人」、「未喻何故」一語帶過，亦未免有疏於考證之過。且其稱焦竑「講《老》、《莊》之書，乃多得本旨」，不過是站在傳統儒家之立場，針對焦竑〈莊子翼敘〉中儒道互補之觀念而言。然察其實，焦竑除了會通儒道之外，更有佛道等同之思想。其《老子翼》亦是如此，雖於敘中強調「老子非明無之無也，明有之無也」（〈老子翼敘〉），然其〈筆乘〉中則多援引佛家思想以解《老子》。《莊子翼》中的〈筆乘〉

亦多涉佛理，直有欲合儒、道、佛三家於一爐之思想。若《提要》深入之，必然悔其前所言，而反要以「狂禪」譏之，甚而編入存目中。至其贊譽《莊子翼》「其所引據究多古書，固較流俗註本有根柢」，亦未全然，蓋竑徵引書目時有謬誤（詳本文第四章三節），若非詳辨之，則遺誤亦大矣。

第七章　結　論

第一節　《莊子》與歷代《莊》注之風貌

　　《莊子》一書以「以巵言爲蔓衍，以重言爲眞，以寓言爲廣」等三言運斤成風，生發為「謬悠之說，荒唐之言，無端崖之辭」，以其為文，有解牛承丸之巧，故「其書雖瓌瑋而連犿無傷也，其辭雖參差而諔詭可觀也。」〔註1〕其哲學思想之核心主要呈現於內七篇之〈逍遙遊〉以「無己、無名、無功」之修為，超脫外物之羈累，達臻精神自由之消遙論、〈齊物論〉以「吾喪我」之功夫，消解世俗「各隨其成心而師之」之執著與盲從，從而體認「天地與我並生，而萬物與我爲一」之夢蝶物化思想、〈養生主〉以「依乎天理，因其固然」、「安時處順」之態度，消解個體生知之有限，而擴展精神無限之形神觀；〈人間世〉以「聽之以氣」、「聽止於耳，心止於符」之「心齋」法，超越紛塵中是非善惡美醜生死之價值誤判，而「一宅而寓於不得已」之處世觀、〈德充符〉以「審乎無假而不與物遷，命物之化而守其宗」之道觀，行「知不可奈何而安之若命」、「常因自然而不益生」內重外拙之修練；〈大宗師〉以「墮肢體，黜聰明，離形去知」，外天下與坐忘之法，消解「以心捐道，以人助天」之有爲、而「游於物所不得遯而皆存」，使心靈通於大道之無爲界；而〈應帝王〉以壺子示相法，呈現「順物自然而無容私」、「盡其所受乎天而無見得」之道一觀。諸意象之豐富、思維之活潑，想像之馳騁，較之捉死鳥之俗文者，其文宛如空中捉鳥，捉不住則飛去般地汪洋恣肆，儀態萬端，機趣橫生〔註2〕。

　　故歷代探研《莊子》者，莫不從中擷取其文辭之逸美，精神之浩瀚，思想之轉

〔註1〕《莊子・天下篇》道家學術。
〔註2〕見劉熙載《遊藝約言》第八十七條。

注多方，輒或敷衍清談，或蘊義儒理，或詮以禪門之說，或通以文字血脈，或融以三教之理。若晉·郭象之發「獨化於玄冥之境」之旨，倡「名教即自然」之理（《莊子注》）；支遁之以「即色般若」會通《莊子》兼忘無待之〈逍遙〉義；僧肇之以「般若中觀」之理詮釋《莊子》「體用相即」、「有無同義」之理；唐成玄英之以「重玄之域，眾妙之門」（《莊子疏·大宗師》）雙遣《莊子》無爲、空有、坐忘之道（《南華真經疏》）；唐陸德明之著重《莊子》之音訓（《莊子音義》）；宋·王雱之以儒家心性之學解《莊》；呂惠卿之調和儒道而立基於儒家思想；陳碧虛（景元）之以道教「長生久視」煉養方法讀《莊》（《南華真經章句序》）；林希逸之合《論》、《孟》、《中庸》、《大學》、文字血脈、禪宗解數之要義，融通三家而終歸本於儒家之理（〈莊子鬳齋口義序〉）；褚伯秀《義海》之集晉、唐、宋三代之《莊》注，以「性命雙修」會通《莊子》而以道家爲宗；羅勉道《循本》之致力以「古學」通《莊》，亦不廢以佛義解《莊》；劉辰翁之躋《莊子》於詞章之林；降及明·孫應鰲《莊義要刪》之融《六經》以讀《莊》，並申儒道互補之意；陸長庚、唐荊川之治道、釋於一爐；朱得之亦以詞章解《莊》；釋性通之以「道德」論《莊子》內外篇之精義；方以智《藥地炮莊》則以禪理通《莊》；及清王夫之所作《莊子解》、《莊子通》則又歸本於莊子本來精神面目……，林林總總之《莊》學，亦猶《莊》文「諔詭」之風貌矣。

第二節　焦竑《莊子翼》三教歸一之理境

歷代解莊者，皆呈現其時代之風貌，而明焦竑《莊子翼》於薈萃明以前眾家之論《莊》，復攝三教於華嚴圓融無礙之理境，亦呈現晚明三教歸一之學術背景。其曰：

> 《記》曰：率性之謂道，修道之謂教，聖人之教不同也，於修道復性則一而已。……晚而讀華嚴乃知古聖人殊途同歸。……華嚴圓教，性無自性、無性而非法；法無異法，無法而非性。非吐棄世故、棲心無寄之謂也。故於有爲界見示無爲；示無爲法不壞有爲，此與夫心退藏而與民同患者，豈有異乎哉？〔註3〕

華嚴圓融之教，明空即色、理事無礙、空色無礙、泯絕無寄〔註4〕。故「無性而非法」、「無法而非性」；「於有爲界見示無爲」、「示無爲法不壞有爲」。焦竑以此圓融之法觀照《莊子翼》，自是通有無、本末、動靜、真俗、言默、知不知、爲無爲於

〔註3〕見《澹園集》乙集之八，卷十六，〈刻大方廣佛華嚴經序〉，頁589。
〔註4〕參牟宗三《佛性與般若》，頁545。

一如；故其倡言「反性復初」之「自然之性」時，亦不廢「本來清靜」之佛性與「生之固有」之仁義之性；又於論《莊子》既即生又超越生，形滅而神不滅之生死觀時，亦將儒家「人死爲鬼」之鬼神世界及佛家「如旋火輪」之因果輪迴說渾融爲一法；此外集註中義理與考訓亦等同並存，是皆突顯其「超善惡」、「混外中」、「以意爲方」之理念，而此收攝儒、道、佛三教於一之詮釋方式，正是焦竑持華嚴圓融無礙之理境以融通三家之思想傾向。

第三節　小　結

　　立於注《莊》之學術長流裡，不容置疑地焦竑《莊子翼》自有其學術價值之地位。譬若就其集註形式首題解、次段落附難字句解、再次各家注、末結以總論而言，則較諸《義海》、《莊義要刪》精簡明確；而其採通代著錄之體例，除可窺見歷代注《莊》之學術演變，同時保存部份今已不傳之宋、明學者注《莊》之資料，尤其全錄北宋陳碧虛（景元）《闕誤》，及其他考據、訓詁資料，用以訂定字句之訛誤，此之於研《莊》者而言，可謂深具參考價值；之於日本《莊》學之研究，亦深具影響力；而對於晚明乃至清初空泛之學風，更有匡弊正亂之功。是皆足見焦竑《莊子翼》者之具多元化、綜合性及超越性之價值。

　　唯其引文仍有與思想宗旨互爲矛盾者，若焦竑雖曾多次致意「黃白男女之說」爲「學者之不幸，而亦道之辱也」、「夫方士言長生者往往穿鑿於性命之外也」（《澹園集》卷十六，頁五八九）、「九流唯道家多端，昔黃、老、列、莊之言清虛無爲而己，練養服食，所不道也，……豈有幾於長生哉？」（《澹園集》卷二三，頁六五五）然其於解〈達生〉、〈天地〉、〈外物〉篇中，又不免行筆疏漏將長生久視之論一併採錄；又焦竑本身注力於儒釋道三教之會通，然其解〈達生〉「紀渻子養鬥雞」，則復將「若老聃之降服俗」之意併入，不免與其「道一」之思想互爲矛盾；而其體例更有《四庫提要》所指疵之「沒前人而出」之缺憾！

　　然今姑且弗論《莊子翼》之體例得失與否，推其置身於泰州狂禪空談心性之時空下，能不廢音義考訓之援引以強調實學，對於清初之實學，實有下啓之功；其內容採擷多方，對於後代研《莊》者及日本之《莊》學，亦皆有弗屆之影響力。推而獨就焦竑融通三教思想之觀點而言，其圓融無礙之見解，亦實足以觀也。用之於學術者，則相容並蓄，增其深廣也；用之爲人，涵泳百川，更開闊其精神視野矣，爲此，焦竑與《莊子翼》之價值，亦可謂「瑕不掩瑜」矣！

參考書目

（依引用之比重爲序）

一：專書部分

1. （明）焦竑，《莊子翼》（《叢書集成新編》，新文豐出版公司）。
2. （明）焦竑，《老子翼》（《金陵叢書》本，甲集之四，大西洋圖書公司，1970年元月）。
3. （明）焦竑，《焦氏澹園集》（《叢書集成新編》一八六冊，新文豐出版公司）。
4. （明）焦竑，《澹園續集》（《叢書集成新編》一八七冊，新文豐出版公司）。
5. （明）焦竑，《陰符經解》（明萬曆繡水沈氏尚白齋刊寶顏堂秘笈本影本）。
6. （明）焦竑，《支談》（明萬曆繡水沈氏尚白齋刊寶顏堂秘笈本影本）。
7. （明）焦竑，《焦氏筆乘》（《金陵叢書》本，乙集之五，大西洋圖書公司，1970年）。
8. （明）焦竑，《焦氏筆乘續集》（《金陵叢書》本，乙集之六，大西洋圖書公司，1970年）。
9. （明）焦竑，《國史經籍志》（《粵雅堂叢書》本，藝文印書館，1966年）。
10. （明）焦竑，《俗書刊誤》（臺灣商務印書館，1970年）。
11. （明）焦竑，《玉堂叢語》（木鐸出版社，1982年）。
12. （明）焦竑，《養正圖解》（臺灣商務印書館，1981年）。
13. （明）焦竑，《焦氏類林》（粵雅堂叢書刊本）。
14. （明）焦竑，《國朝獻徵錄》（明文出版社，1991年，明代傳記叢刊）。
15. （晉）郭象，《莊子注》（藝文印書館）。
16. （唐）成玄英，《南華眞經注疏》（藝文印書館）。
17. （唐）陸德明，《莊子音義》（藝文印書館）。
18. （宋）呂惠卿，《莊子解》（藝文印書館）。
19. （宋）王雱，《南華眞經新傳》（道藏本）。

20. （宋）林希逸，《莊子口義（莊子鬳齋口義）》（日本寬永六年風月宗知刊本，中央圖書館善本書室藏）。

21. （宋）林希逸，《莊子口義》（藝文印書館）。

22. （宋）褚伯秀，《南海真經義海纂微》（道藏本）。

23. （宋）羅勉道，《南華真經循本》（藝文印書館）。

24. （宋）劉辰翁，《莊子南華真經點校》（藝文印書館）。

25. （明）孫應鰲，《莊義要刪》（明萬曆八年雲南宮刊本（中央圖書館善本書室藏））。

26. （明）朱得之，《莊子通義》（藝文印書館）。

27. （明）陸西星，《南華經副墨》（藝文印書館）。

28. （明）董懋策，《莊子翼評點》（藝文印書館（據（清）光緒三二年刊本））。

29. （明）釋憨山，《觀老莊影響論》（廣文書局）。

30. （明）郭良翰，《南華經會解》（藝文印書館）。

31. （明）沈一貫，《莊子通》（藝文印書館）。

32. （明）陳治安，《南華真經本義附錄》（藝文印書館）。

33. （明）方以智，《藥地炮莊》（藝文印書館）。

34. （明）陳懿典，《南華經精解》（藝文印書館）。

35. （明）譚元春，《莊子南華真經評》（藝文印書館）。

36. 嚴靈峰編輯，《無求備齋莊子集成初編》（臺灣藝文印書館，1974 年 5 月初版）。

37. 嚴靈峰編輯，《無求備齋莊子集成續編》（臺灣藝文印書館，1974 年 12 月初版）。

38. （清）楊文會，《南華經發隱》（藝文印書館）。

39. （日）森三樹三郎，《老子、莊子》（日本株式會社講談社昭和五三年七月）。

40. 王師淮注，《老子探義》（台灣商務印書館，1988 年 1 月第八版）。

41. （清）永瑢、紀昀等撰，《欽定四庫全書總目》（臺灣商務印書館，1983 年）。

42. （清）永瑢等撰，《四庫全書總目提要》（臺灣商務印書館，1965 年 5 月第三版）。

43. 余嘉錫，《四庫提要辨證》（中華書局（香港版），1974 年 3 月）。

44. 東條保標註、秦鼎補義，《標註補義莊子因》（日本大板松村九發行，明治二三年十月）。

45. （清）郭慶藩，《莊子集釋》（群玉堂出版公司，1991 年 10 月）。

46. 錢穆（王孝魚整理），《莊子纂箋》（東大圖書公司，1989 年 4 月）。

47. 黃師錦鋐，《新譯莊子讀本》（三民出版社，1991 年 3 月第十版）。

48. 黃師錦鋐，《莊子及其文學》（東大出版社，1984 年 9 月第二版）。

49. 黃師錦鋐，《中國歷代思想家（一）莊子》（臺灣商務印書館，1977 年 12 月）。

50. 陳鼓應註譯，《莊子今註今譯》（臺灣商務印書館，1989 年 5 月第五版）。

51. 黃師錦鋐，《魏晉之莊學》（驚聲文物供應公司，1970 年 11 月）。

52. 胡師楚生，《老莊研究》（學生書局，1992 年 10 月初版）。

53. 郎擎霄，《莊子學案》（上海書店，1992 年 12 月第二版）。

54. 葉國慶，《莊子研究》（藝文印書館）。

55. 崔大華，《莊學研究》（北京人民出版社，1992 年 11 月）。

56. 謝祥皓，《莊子研究論文集新編》（巴蜀書社，1991 年 1 月）。

57. 湯一介，《郭象與魏晉玄學》（谷風出版社，1987 年）。

58. 胡哲敷，《老莊哲學》（中華書局，1987 年 12 月第九版）。

59. 王　煜，《老莊思想論集》（聯經出版社，1979 年）。

60. 劉孝敢，《莊子哲學及其演變》（中國社會科學出版社，1993 年 3 月）。

61. 陳鼓應主編，《道家文化研究（第一輯）》（上海古籍出版社，1992 年 6 月）。

62. 黃釗主編，《道家思想史綱》（湖南師範大學出版社，1991 年 4 月）。

63. 越明、薛敏珠編著，《道家文化及其藝術精神》（吉林文史出版，1991 年 9 月）。

64. 黃公偉，《道家哲學係統探微》（新文豐出版公司，1981 年 8 月）。

65. 馬達文，《回歸自然──道家的主調和變奏》（廣東人民出版社，1992 年 7 月）。

66. 蔣致遠主編，《諸子引得──莊子》（宗青圖書公司，1986 年 11 月）。

67. 嚴靈峰，《周秦漢魏諸子知見書目》，正中書局，1975 年 2 月初版）。

68. 蕭登福，《列子古注今注》（文津出版社，1990 年 3 月）。

69. 宋天正註譯，《大學今註今譯》（台灣商務印書館，1988 年 3 月第十版）。

70. 宋天正註譯，《中庸今註今譯》（台灣商務印書館，1991 年 5 月第十一版）。

71. 勞思光，《新編中國哲學史》（三民書局，1987 年 9 月第三版）。

72. 張豈之主編，《新中國思想史》（水牛出版社，1992 年 11 月初版）。

73. 唐　華，《中國哲學史》（大中國圖書公司，1981 年 6 月）。

74. 林　尹，《中國學術思想大綱》（台灣商務印書館，1981 年 10 月第二版）。

75. 唐君毅，《中國哲學原論──原教篇》（學生書局，1990 年 9 月）。

76. 徐復觀，《中國人性論史》（台灣商務印書館，1988 年 11 月第九版）。

77. 牟宗三，《才性與玄理》（學生書局，1985 年 4 月第台五版）。

78. 蒙培元，《中國心性論》（學生書局，1990 年初版）。

79. 黃公偉，《宋明清理學體係論史》（幼獅出版社，1971 年 9 月）。

80. 甲　凱，《宋明心學評述》（臺灣商務印書館，1981 年 11 月第二版）。

81. 王　煜，《明清思想家論集》（聯經出版社，1981 年 5 月）。

82. 余英時，《中國思想傳統的現代詮釋》（聯經出版社，1987 年 8 月第二版）。

83. 葛榮晉，《中國哲學範疇導論》（萬卷樓，1993 年 4 月第二版）。

84. 余英時著，辛華任菁編，《內在超越之路》（中國廣播電視出版社，1992 年 5 月）。

85. 嚴北溟，《佛儒道思想散論》（湖北人民出版社，1984 年 1 月）。

86. 吳耀玉，《三教蠡測》（新文豐出版公司，1976 年 6 月）。

87. 牟宗三，《佛性與般若》（學生書局，1989 年 2 月修定版）。

88. 任繼愈主編，《中國佛教佛史》（北京社會科學出版社，1985 年 11 月）。

89. 孫叔平編，李書有注，《漢魏兩晉南北朝佛教史》（上海人民出版社，1986 年 2 月）。

90. （明）一如等集註，《大明三藏法數》（新文豐出版公司，1978 年 4 月）。

91. 釋聖嚴、楊惠南等編，《佛教的思想與文化》（法光出版社，1991 年 4 月）。

92. 方立天，《中國佛教研究》（新文豐出版公司，1993 年台一版）。

93. 釋聖嚴，《明末佛教研究》（東初書局，1987 年 9 月）。

94. 湯用彤，《理學、佛學、玄學》（淑馨出版社，1992 年 1 月）。

95. 陳沛然，《佛家哲理通析》（東大圖書公司，1993 年 10 月）。

96. 謝　顯，《中國佛教思想資料選編》（龍田出版社，1982 年 2 月）。

97. 丁福保箋註，《六祖壇經箋註》（華嚴運社，1984 年 2 月）。

98. 洪修平，《禪宗思想的形成與發展》（佛光出版社，1991 年 10 月）。

99. 洪修平，《中國禪學思想史》（文津出版社，1994 年 4 月）。

100. 吳　怡，《老莊與禪》（三民書局，1989 年 3 月）。

101. 中國道教協會研究至編，《道教史資料》（上海古籍社，1991 年）。

102. （明）白雲觀長春真人編，《正統道藏》（新文豐出版公司，1977 年 10 月初版）。

103. （元）脫脫，《宋史》（鼎文書局，1982 年 11 月）。

104. （宋）陸游，《南唐書》（臺灣商務印書館（《四庫全書》史部二二二載紀類）。

105. （清）張廷玉等撰，《明史》（鼎文書局，1982 年 11 月）。

106. 容肇祖，《明代思想史》（上海書店，1990 年）。

107. 李焯然，《明史散論》（允晨文化出版社，1988 年 4 月）。

108. 中國社會學研究所明史研究室主編，《明史研究論叢》第五輯（江蘇古籍出版社，1991 年 5 月）。

109. （明）過庭訓，周駿富輯，《本朝分省人物考》（《明代傳記叢刊》一三〇冊（明文出版社）。

110. （清）黃宗羲著，沈芝盈點校，《明儒學案》（中華出版社，1985 年）。

111. （清）彭季清，《居士傳》（《新編十續藏經》第一四九冊（新文豐出版公司，1983 年元月再版）。

112. 國立中央圖書館，《明人傳記資料索引》（文史哲出版社，1978 年 1 月第二版）。

113. 麥仲貴，《明清儒家著述生卒年表》（學生書局，1977 年 9 月）。

114. 梁延燦，《歷代名人生卒年表》（台灣商務印書館，1979 年 11 月第二版）。

115. 吳唅，《江浙藏書史略》（北京中華書局，1981 年 1 月）。

116. 姜亮夫纂定，陶秋英校，《歷代人物年里碑傳綜表》（文史哲出版社，1985 年 2 月第二版）。

117. 朱保、謝沛霖編，《明清歷科進士題名碑錄》（文海書局，1981 年，近代國史資料叢書七九輯）。

118. 張慧劍，《明清江蘇文人表》（上海古籍出版社，1986 年 2 月）。

119. 楊立誠、金步瀛合編，《中國藏書家考略》（上海古籍出版社，1987 年 4 月）。

120. 郭厚安等編，《中國儒學史》（中州古籍出版社，1991 年 6 月）。

121. 吳楓、宋一天，《中華儒學通典》（南海書局，1992 年 8 月）。

122. 張岱年，《中華思想大辭典》（吉林人民出版社，1991 年 2 月）。

123. 蔡師仁厚，《王陽明哲學》（三民書局，1988 年 7 月）。

124. （明）羅汝芳，《盱壇直詮》（廣文書局，1977 年）。

125. （明）耿定向，《耿天台先生文集》（文海書局，1981 年 4 月）。

126. 林海權，《李贄年譜考略》（福建人民出版社，1992 年）。

127. （明）李贄，《焚書・續焚書》（漢京出版社，1984 年 5 月）。

128. 陳清輝，《李卓吾生平及其思想研究》（文津出版社，1993 年）。

129. （明）楊慎，《升庵外集》（學生書局，1971 年）。

130. （明）沈德符，《萬曆野獲編》（學海類編第九函）。

131. （宋）晁公武，《郡齋讀書志》（台灣商務印書館，1968 年 3 月）。

132. （清）章學誠，《文史通義》（廣文書局，1981 年）。

133. （清）錢大昕，《十駕齋養新錄》（廣文書局，1968 年 1 月）。

134. （清）顧炎武著，黃汝成集釋，《日知錄集釋》（上海古籍出版社，1984 年 3 月）。

135. （清）馬端臨，《文獻通考》（浙江古籍出版社，1988 年 11 月）。

136. （清）陳振遜，《直齋書錄解題》（台灣商務印書館，1968 年 3 月）。

137. 樊洪業，《耶穌會士與中國科學》（中國人民大學，1992 年 12 月）。

138. 孫尚揚，《明末天主教與儒學的交流和衝突》（文津出版社，1982 年 2 月）。

139. 林慶彰，《明代考據學研究》（學生書局，1983 年 7 月）。

140. 《中國文論選（中）》（木鐸出版社）。

141. （清）劉熙載撰，陳文和、劉立人點校，《劉熙載集》（華東師範大學出版社，1993 年 3 月）。

二：論文部分

1. 李文琪，〈焦竑及其國史經籍志〉（東海大學中研所碩士論文，七十五年度，漢美圖書公司，1991）。

2. 林桐城，〈焦弱侯學記〉（東吳大學中研所碩士論文，七十七年度）。

3. 王　琅，〈焦竑年譜〉（高雄師範大學國研所碩士論文，七十九年度）。

4. 簡學長光明，〈林希逸莊子口義研究〉（逢甲大學中研所碩士論文，七十八年度）。

三：學報部分

1. 李劍雄，〈焦竑年譜簡編〉（《中國哲學》十八輯，1993 年 3 月），頁 578～602。

2. 容肇祖，〈焦竑及其思想〉（《燕京學報》二三期，1938 年 6 月）。

3. 李焯然，〈焦竑之史學思想〉（《書目季刊》十五：四，1982 年 3 月），頁 33～46。

4. 李焯然，〈焦竑及其《玉堂叢語》〉（《暢流》五三：一，1976 年 2 月）。

5. 連清吉，〈焦竑莊子翼及其在日本流傳情形〉，（第 11 次中國學國際學術大會發表論文要旨，韓國中國學會，1991 年 8 月）。

6. 連清吉，〈日本的老莊學〉（《鵝湖》十七：一，1981 年 7 月），頁 41～45。

7. （日）池田知久著，周一良譯，〈《林希逸莊子鬳齋口義在日本》（《中國哲學史研究》二：二七，1987 年），頁 70～82。

8. 臧廣恩，〈老莊思想在日本的影響〉（《中國文化研究論文目錄》）。

9. 伊文成，〈儒家思想在日本的傳播〉（《中國哲學史》，1981 年 8 月），頁 11～16。

10. 李甦平，〈中日陽明學比較〉（《中國哲學史》，1986 年，第六期），頁 60～65。

11. 黎金剛，〈禪學與明代心學〉（《慧炬》一〇六期），頁 12～22

12. （日）岡田武彥，〈明代的文化與思想論綱〉（《孔子研究》，1991 年 6 月第二期），頁 6～25。

13. 陳志明，〈明中葉學者的儒釋之辨——以王陽明、羅欽舞為例〉（《孔子研究》，1991 年 12 月第四期），頁 7～984。

14. 陳俊明，〈明三教合一的心性旨趣〉（收入《儒家思想與未來社會》一書，上海人民出版社，1991 年 4 月）。

15. 陳立旭，〈中國文化指歸與佛教傳播的原因〉（《無神論‧宗教》，1992 年，第二期）。

16. 烏以風，〈中國儒釋道三教同源思想之歷史演變〉（《中國哲學史》，1987 年，第七期）。

17. 史繼忠，〈儒、道、佛的紛爭與融合〉（《無神論‧宗教》，1993 年第六期），頁 9～14。

18. 樓宇烈，〈淺談儒釋道三教的融合〉（收入中華書局《道教與傳統文化》），頁 33～44 四。

19. 方立天，〈心性論——佛教哲學與中國固有哲學的主要契合點〉（《無神論‧宗教》，1993 年第二期），頁三五～五一

20. 吳重慶，〈論儒道互補〉，《中國哲學史》第三期。

21. 方立天,〈中國哲學的性情範疇〉(《中國哲學史研究》,1984 年第一四期),頁 7 ～12。

22. 羅　光,〈中國人的生死觀〉(《哲學與文化》二一:七,1994 年 7 月),頁 578 ～664。

23. 鄔昆如,〈莊子的生死觀〉(《哲學與文化》二一:七,1994 年 7 月),頁 584～ 591。

24. 傅佩榮,〈儒家生死觀背後的信仰〉(《哲學與文化》二一:七,1994 年 7 月), 頁 600～607。

25. 許抗生,〈慧遠的佛教哲學思想研究〉(《中國哲學史研究》三:十六,1984 年)。

26. 鄭曉江,〈論佛家的死之智慧──兼及佛、儒、道死之觀之區別〉(《無神論‧宗 教》,1992 年第三期),頁 39～41。

27. 伊　伊,〈靈魂觀、屍體崇拜與人間印象──中國古代鬼魂觀念的流程〉(《無神 論‧宗教》,1992 年第一期),頁 55～63。

28. 湯一介,〈略論早期道教關於死生形神問題的理論〉(《中國哲學史》,1981 年, 第二期),頁 21～30。

29. 李　杜,〈現代中國哲學的有神論與無神論(上)〉(《哲學與文化》二二:一, 1995 年 1 月),頁 2～32。

30. 邵越明,〈道家學說中的超越意識〉(《中國哲學史》,1991 年,第四期),頁 41 ～47。

31. 高晨陽,〈自然與名教關係的重建:玄學的主題及其路徑〉(《哲學研究》,1994 年第八期),頁 68～74。

32. 錢偉量,〈僧肇動靜觀辨析──讀《肇論‧物不遷》〉(《中國哲學史》,1987 年 12 月)。